红色广东丛书

杨殷

郭昉凌　黄振位　著

SPM
南方出版传媒
广东人民出版社
·广州·

图书在版编目(CIP)数据

杨殷/郭昉凌，黄振位著. —广州：广东人民出版社，
2021.6

(红色广东·广东工农运动领袖)

ISBN 978-7-218-14856-4

Ⅰ.①杨…　Ⅱ.①郭…②黄…　Ⅲ.①杨殷（1892-1929）
-传记　Ⅳ.①K827=6

中国版本图书馆CIP数据核字（2020）第265246号

YANG YIN

杨殷　　　郭昉凌　黄振位　著

版权所有 翻印必究

出 版 人：肖风华

责任编辑：夏素玲　谢　尚

责任技编：吴彦斌　周星奎

封面设计：河马设计　李卓琪

排版制作：邦　邦

出版发行：广东人民出版社

地　　址：广州市海珠区新港西路204号2号楼（邮政编码：510300）

电　　话：（020）85716809（总编室）

传　　真：（020）85716872

网　　址：http://www.gdpph.com

印　　刷：广东鹏腾宇文化创新有限公司

开　　本：787mm×1092mm　1/16

印　　张：9.75　　**字　　数：**93.3千

版　　次：2021年6月第1版

印　　次：2021年6月第1次印刷

定　　价：38.00元

《红色广东丛书》编委会

主　编：陈建文

副主编：崔朝阳　李　斌　杨建伟　谭君铁

编　委：（以姓氏笔画为序）

王　涛　刘子健　肖风华　沈成飞

陈　飞　陈春华　林盛根　易　立

钟永宁　徐东华　郭松延　黄振位

曾庆榴　谢　涛　谢石南

总　序

　　百年征程波澜壮阔，百年大党风华正茂。习近平总书记在党史学习教育动员大会上指出："我们党的一百年，是矢志践行初心使命的一百年，是筚路蓝缕奠基立业的一百年，是创造辉煌开辟未来的一百年。"翻开风云激荡的百年党史，一代又一代中国共产党人，用鲜血和生命浸染了党旗国旗的鲜亮红色，书写了可歌可泣的历史篇章，铸就了彪炳史册的丰功伟绩。一百年来，党的红色薪火代代相传，革命精神历久弥坚，红色基因已深深根植于共产党人的血脉之中，成为我们党坚守初心、永葆本色的生命密码。

　　广东是一片红色的热土，不仅是近代民主革命的策源地，也是国内最早传播马克思主义、最早成立共产党早期组织的省份之一。在新民主主义革命的漫长历程中，广东党组织在中共中央的领导下，发动、组织和领导广东人民开展了一系列广泛而深远的革命斗争。1921年，广东党组织成立后，积极开展工人运动、青年运动，并点燃农民运动星火。第一、二、三次全国劳动大会连续在广州召开，全国工人运动的领导机关——中华全国总工会在广州诞生。中国社会主义青年团第一次全国代表大会在广州召开，促进了全国团组织的建立、发展。在"农民运动大王"彭湃领导下，农潮突起海陆丰影响全国。

1923年，中共中央机关一度迁至广州，中国共产党第三次全国代表大会在广州召开，推动形成了第一次国共合作，建立了国民革命联合战线，掀起了大革命的洪流。随后，在共产党人的建议下，黄埔军校在广州创办，周恩来等共产党人为军校的政治工作和政治教育作出了重要贡献，中国共产党也从黄埔军校开始探索从事军事活动。在共产党人的提议下，农民运动讲习所在广州开办，先后由彭湃、阮啸仙、毛泽东等共产党人主持，红色火种迅速播撒全国。1925年，广州和香港爆发省港大罢工，声援五卅运动，成为大革命高潮时期一个十分引人注目的重要斗争。1926年，在统一广东革命根据地后，国民革命军在广州誓师北伐，以共产党员为骨干的北伐先锋叶挺独立团所向披靡，铸就了铁军威名。在北伐战争胜利推进的同时，广东共产党组织和党领导的革命队伍迅速扩大和发展，全省工农群众运动也随之进入高潮。

1927年"四一二"反革命政变以后，广东共产党组织在全国较早打响反抗国民党反动派血腥屠杀的枪声，广州起义与南昌起义、秋收起义一起，成为中国共产党独立领导中国革命、创建人民军队的伟大开端。随后，广东党组织积极探索推进工农武装割据，在海陆丰建立第一个县级苏维埃政权，并率先开展土地革命，开启了中国共产党领导人民进行的最重大的社会变革。与此同时，广东中央苏区逐步创建和发展起来，为中国革命的发展作出了不可磨灭的贡献。1931年，连接上海中共中央机关与中央苏区的中央红色交通线开辟，交通线主干道穿越汕头、大埔，成功转移了一大批党的重要领导，传送了重要文件和物资，成为土地革命战争时期党的红色血脉。1934年，中央红军开始了举世瞩目的长征，广东是中央红军从中央苏区腹地实施战略转移后进入的第一个省份，中央红军在粤北转战21天，打开了继续前进的通道，成功走向最后的胜利。留守红军在赣粤边、闽粤边和琼崖地区进行了艰苦卓绝的游击战争，高举红旗永不倒。

抗战全面爆发后，中共中央和中共中央长江局、南方局十分重视和加强对广东党组织的领导，选派了张文彬等大批干部到广东工作。日军侵入广东以后，广东党组织奋起领导广东人民开展敌后抗日游击战争，成立了东江纵队、琼崖纵队、珠江纵队、广东人民抗日解放军、南路人民抗日解放军和韩江纵队等抗日武装，转战南粤辽阔大地，战斗足迹遍及70多个县市。华南敌后战场成为全国三大敌后抗日战场之一，党领导的广东人民抗日武装被誉为华南抗战的中流砥柱。香港沦陷以后，在中共中央的领导和周恩来等人的精心策划安排下，广东党组织冲破日军控制封锁，成功开展文化名人秘密大营救，将800多名被困香港的文化名人、爱国民主人士及家眷、国际友人等平安护送到大后方，书写了抗战史上的光辉一页。

解放战争时期，在中共中央的领导下，华南地区大力开展武装斗争，开辟出以广东为中心的七大块游击根据地，成立了中国人民解放军琼崖纵队、粤赣湘边纵队、闽粤赣边纵队、桂滇黔边纵队、粤中纵队、粤桂边纵队和粤桂湘边纵队等人民武装，其中仅广东武装部队就达到8万多人，相继解放了广东大部分农村，在全省1/3地区建立起人民政权，为广东和华南的解放创造了有利条件。在广东党组织的配合下，人民解放军南下大军发起解放广东之役，胜利的旗帜很快插遍祖国南疆。

革命烽火路，红星照南粤。广东见证了中国共产党从新生到大革命、土地革命，再到抗日战争、解放战争等革命斗争全过程。其间，毛泽东、周恩来、刘少奇、朱德、邓小平、叶剑英、彭德怀、刘伯承、贺龙、陈毅、聂荣臻、徐向前、李富春、粟裕、陈赓等老一辈革命家和李大钊、蔡和森、瞿秋白、陈延年、彭湃、叶挺、杨殷、邓发、张太雷、苏兆征、杨匏安、罗登贤、邓中夏、恽代英、萧楚女、阮啸仙、张文彬、左权、刘志丹、赵尚志等一大批革命先烈都在广东战斗过，千千万万广东优秀儿女也在革命斗争中抛头颅、洒热血，留下了光照千秋的革命历史和革命精神。广东这片红色热土，老区苏区遍布全省，大大小小的革命遗址分布各地，留下了宝贵而丰厚的红色文化历史遗产。

习近平总书记强调，中国革命历史是最好的营养剂。重温这部伟大历史能够受到党的初心使命、性质宗旨、理想信念的生动教育，必须铭记光辉历史、传承红色基因。我们有责任把党领导广东人民进行革命斗争的光辉历史和伟大功绩研究深、挖掘透、展示好，全面呈现广东红色文化历史，更好地以史铸魂、教育后人，让全省人民在缅怀英烈、铭记历史中汲取砥砺奋进的强大力量，让人们深刻认识红色政权来之不易，新中国来之不易，中国特色社会主义来之不易，确保红色江山的旗帜永远高高飘扬。

为充分挖掘广东红色文化资源的丰富内涵，我们组织省内党史、党校、社科、高校等专家学者，集智聚力分批次编写《红色广东丛书》。丛书按照点面结合、时空结合、雅俗结合原则，分为总论、人物、事件、地区、教育五个版块。总论版块图书，主要综述中国共产党在广东的革命斗争历史概况，人物版块图书主要讴歌广东红色人物，事件版块图书主要论说党领导广东人民开展革命斗争的历史事件，地区版块图书从地市和历史专题角度梳理广东地域红色文化，教育版块图书着力打造面向青少年及党员的红色主题教材。丛书以相关的文物、文献、档案、史料为依据，对近些年来广东红色文化资源研究成果做了一次全面系统梳理，我们希望这套丛书能为党史学习教育、革命传统教育、爱国主义教育提供重要内容支撑。

一切向前走，都不能忘记走过的路，走得再远、走到再光辉的未来，也不能忘记走过的过去，不能忘记为什么出发。站在"两个一百年"的历史交汇点上，我们要更加坚定自觉地学史明理、学史增信、学史崇德、学史力行，赓续红色血脉，传承红色基因，以一往无前的奋斗姿态、风雨无阻的精神状态，推动广东在全面建设社会主义现代化国家新征程中走在全国前列、创造新的辉煌。

《红色广东丛书》编委会
2021年6月

目　录

　　杨殷是中国革命史上的重要人物，是中国共产党早期重要领导人之一，杰出的无产阶级革命家。他曾任中共第六届中央委员会委员、中央政治局候补委员、中央政治局常务委员会候补委员、中央军事部部长，稍后增补为中央政治局委员、中央政治局常务委员会委员。2009年9月，他被中共中央宣传部、中央组织部、中央统战部、中央党史研究室、民政部、解放军总政治部等11个部门联合组织评选为"100位为新中国成立作出突出贡献的英雄模范人物"之一，这是对他"用生命捍卫信仰"、为中华民族解放而英勇献身的精神的高度褒扬。

　　杨殷在香港和省城广州读书期间，就经常在港澳帮助搜集情报和联络各方，并为堂叔杨鹤龄送情报带书信，协助同盟会南方支部副支部长孙眉（孙中山胞兄）运送武器、联络党人等。他生性机灵,爱动脑筋,做事干练,完成任务出色,深得孙眉赏识。1911年初,19岁的杨殷由孙眉主盟加入了中国同盟会,随即投入黄花岗起义前夕的紧张工作中。当时孙眉化名黄镇东,负责在广州湾策应武装起义。杨殷负责秘密交通联络,奔走于湛江(旧称广州湾)、澳门、香港、广州、顺德、香山等地,联络同志和会党,传送、收集情报。

杨殷目睹工人兄弟陈尸血泊,捏紧拳头,跃上机车,拉响汽笛。他站在机车顶上,挥动着胳膊,愤慨地向四面八方拥来的工人和家属呼吁:"兄弟们、姐妹们,军阀拉夫,打死了我们的兄弟,我们要他们偿命!""杀人偿命,血债血偿!""保障工人的生命和生存!"人群中发出了怒吼。杨殷带领着工人群众,抬着何炳祥的遗体走向铁路局,抗议滇军滥杀无辜,要求赔偿及抚恤。粤汉铁路当局恐事态进一步扩大,一面向孙中山请示,一面急忙与杨殷及工人代表谈判。

为筹集起义经费,杨殷把广州文德路的房产和亡妻李庆梅的大珍珠以及老家的田产变卖折现,还向侄儿杨高(香港富商)借了数万元现款。为解决工人赤卫队的武器装备,杨殷指示何全、黄平民、李少棠等物色人员制造和运送土炸弹。他还组织铁路工人运输军火,命人从香港、澳门带回一些手枪。至起义前，杨殷已筹备了长短枪50多支，炸弹200多枚。石井兵工厂和金属业总工会工人也赶制了1000多杆标枪和200多把大刀等。

杨殷还参与了关于政治、组织、苏维埃政权、农民、土地、职工、宣传、民族、妇女、青年团等问题决议的讨论和表决。通过听取报告，讨论分析，尤其是对大革命失败后中国的政治经济形势的分析和争论，杨殷基本消除了自大革命失败后所面临的困扰，明确了中国革命的发展方向，顿时豁然开朗。

杨殷等蒙难者虽然身陷囹圄，手铐脚镣，铁链紧锁，但他们始终保持着敢于斗争、乐观向上的精神。他们利用这个戒备森严的场所，多次带领狱中难友高唱《国际歌》和《国民革命歌》："打倒列强，打倒列强！除军阀，除军阀！努力国民革命，努力国民革命！齐奋斗，齐奋斗！"这些革命歌曲极大地鼓舞了难友们的革命意志，也使那些"士兵与狱中群众亦高呼口号和之，于是愁苦惨淡的狱中，一变而为激昂慷慨的沙场"。

前　言

杨殷

　　杨殷是中国革命史上的重要人物，是中国共产党早期重要领导人之一，杰出的无产阶级革命家。他曾任中共第六届中央委员会委员、中央政治局候补委员、中央政治局常务委员会候补委员、中央军事部部长，稍后增补为中央政治局委员、中央政治局常务委员会委员。2009年9月，他被中共中央宣传部、中央组织部、中央统战部、中央党史研究室、民政部、解放军总政治部等11个部门联合组织评选为"100位为新中国成立作出突出贡献的英雄模范人物"之一，这是对他"用生命捍卫信仰"、为中华民族解放而英勇献身的精神的高度褒扬。

在中国近代史上，曾经涌现出无数的英雄人物。但是，任何一个英雄都不是上天注定的，而是经过了无数艰苦的历练，饱经无数人世的沧桑。杨殷就是这样一个在封建专制社会栉风沐雨、矢志不渝、砥砺前行的革命者。

杨殷早年追随孙中山，加入了同盟会，曾任大元帅府参军处副官兼孙中山侍卫队副官，参加了孙中山等领导的反对袁世凯独裁称帝的"二次革命""护国运动"和反对北洋军阀的"护法运动"。他为推翻清王朝、结束中国两千多年的封建帝制、建立共和体制，作出了自己的努力。

1922年夏，杨殷加入了中国共产党。从此，他实现了人生道路上的一次质的飞跃，从一个民主主义者转变为一个马克思主义者。入党后，他投身工人运动，参加协助了国民党改组工作，参与领导了粤汉、广九、广三铁路工人斗争和参加平定商团叛乱。1925年上海五卅惨案发生后，广州、香港的工人举行罢工，支援上海工人的斗争。中共广东区执行委员会（简称中共广东区委）指定杨殷和黄平、邓中夏、苏兆征、杨匏安5人组成党团，作为省港罢工的指挥机关，具体领导省港大罢工。由于杨殷在大罢工中的突出表现，中共中央称赞他"是中国历史上最著名的广东省港大罢工的领导者，是广州铁路工人的领袖"。

1927年广州四一五反革命政变发生前夕，中共广东区委采取了应急措施，决定由杨殷和刘尔崧、李森、周文雍等，从广州各工会党支部中挑选党员骨干作为核心小组，秘密组织赤卫队，以应对时局的突变。大革命失败后，杨殷任中共中央南方局委员兼军委委员、广东省委常委兼工委书记，积极投入反对国民党右派集团的斗争。为了挽救革命，1927年12月，他参与策划广州起义，负责参谋团工作，担任广州苏维埃政府人民委员会委员、人民肃清反革命委员。中共中央称他为"广州暴动的领导者之一"。

广州起义失败后，在敌人实施白色恐怖的条件下，杨殷毫不气馁，不畏艰险，继续参与策划农村武装斗争。他在1928年中共六大被选为中央核心领导成员后，在上海主持中央军事工作，并协助中央政治局常委、秘书长周恩来建立健全的秘密情报机构，开展情报保卫工作。1929年1月，他被选为中央军事委员会主任。在这期间，他亲赴江苏、安徽、山东、河南等地，深入了解农村党组织的情况，具体指导农村的武装斗争。尔后，全国各地农民武装斗争迅速发展，苏维埃政权和农村革命根据地纷纷建立，工农红军不断壮大，土地革命战争出现了新局面。杨殷对这种革命新局面的促成作出了重要贡献。

正当杨殷不顾个人安危忘我工作的时候，由于叛徒告密，他与彭湃、颜昌颐、邢士贞等在上海被捕。1929年8月30日，杨殷等4人在上海被国民党秘密杀害，年仅36岁。

纵观杨殷的一生，从旧民主主义革命时期到新民主主义革命时期，他从盐务"师爷"（高级职员）转变为马克思主义者，从普通共产党员成长为无产阶级革命家，从投身革命为国效命到为崇高的共产主义事业而英勇献身，始终闪烁着永不磨灭的光彩。他的革命精神永驻人间！

第一章

青葱岁月　追求真理

一、少年生涯

中山（旧称香山县，今为中山市），是中国近代史上的名县，位于广东省中南部，珠江出海口西岸，东濒伶仃洋，西与江门相依，南与珠海接壤，北与广（州）佛（山）毗邻。在中山的南朗镇，有一个闻名遐迩的村庄——翠亨村。这里孕育了伟大的革命先行者、一代伟人孙中山，也孕育了"全国工农劳苦群众中极有威信的领袖"杨殷。

杨殷，名观恩，字典乐，号命戆，别号孟揆，化名李荣、李云峰等。1892年8月29日（清光绪十八年七月初八日），诞生在翠亨村一个殷实的华侨之家。他的祖父杨启文，在年轻时曾被"卖猪仔"（西方侵略者拐掳转卖华工）到美国做苦工，经过二十年辛劳血汗的积累，回归故里置田经商，由于经营有道，富甲一方。杨启文富而不骄，足而不奢，乐善好施，矜贫救厄。他曾接受孙中山的建议，出资改良村中的公共设施，将翠亨村的所有道路架设了燃煤油的路灯；带头出资购买枪械，让孙中山联络村中的青壮年组织夜

長房第一支第四派啓文公後

廿一世	廿二世	廿三世	廿四世
禮華	典樂	棣覺 殤	
		棣晧	
		棣滔	
熙樂		棣森	

翠亨《杨氏族谱》记载了杨启文一脉，长子棣觉（杨汉川）是杨殷之父。

警团预防土匪海盗，维持治安。

尽管如此，杨殷一家仍难逃不幸。就在杨殷3岁那年，家里曾遭盗匪打劫。杨殷母亲谭氏吓得一边命令下人紧闭门窗，一边拖着小杨殷从后门逃走。幸房子牢固，盗匪半天才将正面外墙撞穿了一个孔。入屋抢劫不遂，劫匪便朝屋内放枪，摆放在正厅条案上的杨启文画像及酸枝插屏均被击中。时至今日，杨殷故居的外墙修补痕迹尚存，酸枝插屏尚留有当年枪击的弹孔。经此一劫，杨启文又出资在村四周修筑围墙，四面各开一个闸门并建有更楼以作村落防卫；还捐资修建自石门坑至县城石岐之间的桥梁90多座，以便交通，深受邑人称赞。

杨殷的父亲杨汉川，是杨启文的长子。杨启文为10个儿子都建有住宅，长子的住宅名曰"翰香堂"，即今杨殷故居（1989年6月被广东省人民政府公布为广东省重点文物保护单位）。杨汉川为长子，负责掌管家族的物业田产，热心协助父亲从事公益济世活动。许多事务他都是亲力亲为，给乡中父老留下很好的印象。祖父和父亲的善举，在杨殷幼小的心灵留下了难忘的记忆。

正当杨汉川决意子承父业、焯耀家邦的时候，却不幸英年早逝了。时年11岁的杨殷，成为"翰香堂"的继承人，过早地承担了照顾家庭、赡养慈母、保护弟妹的责任。但是，在封建社会里，孤儿寡母往往容易被人欺负。为了摆脱这种处境，杨殷一边在村中的私塾刻苦读书，一边到离

杨殷祖父杨启文和祖母的画像

家不远的山门村拜三合会教头为师，苦学武术。这样，他不仅能学习文化，又能练就一身好功夫，练出一副好体魄，更养成了果敢决断、锄强扶弱、以德服人、刚直不阿的风骨。

为了追求更好的前途，1906年，杨殷考入香山县城丰山县立中学堂就读。在学期间，他经常听到老师讲起南宋丞相文天祥的故事。文天祥为南宋重臣，曾聚兵抗元，因势单力薄，无力回天，败退广东，在海丰县五坡岭被俘。后被押到船上赴新会厓山，过伶仃洋时写下了《过零丁洋》一诗，以诗明志：

辛苦遭逢起一经，干戈寥落四周星。
山河破碎风飘絮，身世浮沉雨打萍。
惶恐滩头说惶恐，零丁洋里叹零丁。
人生自古谁无死？留取丹心照汗青！

杨殷听了文天祥的故事，被文天祥舍生取义的浩然正气深深感染。他不仅能背诵《过零丁洋》，还能背诵文天祥的《正气歌》等作品，如"天地有正气，杂然赋流形""时穷节乃见，一一垂丹青"等佳句，都能滚瓜烂熟。

杨殷在石岐读书期间，常去探望在石岐南门庵当尼姑的姑姑。每当去到那里，姑姑都会做上好的斋菜和糕点给他吃，然后给他讲故事。从姑姑的故事中，杨殷知道了钦差大

广东香山翠亨村历史照片

臣林则徐在香山禁烟和虎门销烟，本邑清官、三朝太子辅曾望颜即使被贬仍念念不忘"铁肩担道义"的事迹；知道了洪秀全领导的太平天国起义，以康有为、梁启超为首的"百日维新"等故事。其中香山县县城东门外水楼刘家的"离经叛道"行为使他觉得颇新奇。时水楼楼主刘鼎昉（刘思复的父亲）思想颇开明，他创办了香山第一所新式学校，发起组织天足会，允许女儿留天足，带头下河游泳。在妇女没有地位的封建社会，由于刘鼎昉的举动出格，被看作是香山县的第一个新派人物。姑姑的声音虽小，而每提及此事都饱含羡慕的语气，使少年杨殷对广大受压迫妇女产生了深切的同情。

杨殷不仅对文天祥坚贞不屈、精忠报国的精神十分景仰，对林则徐在虎门销烟的爱国义举深感钦佩，而且对其家乡的"翠亨四杰"孙中山、陆皓东、杨鹤龄、杨心如敢于反叛腐朽清朝政府的革命精神更为崇拜。杨鹤龄是杨殷的堂叔，家境富裕，自小与孙中山为友，曾变卖祖业和筹措经费支持孙中山革命，并参加了广州黄花岗起义。杨心如是杨殷的堂兄，也曾变卖自己的产业捐助孙中山作起义费用，并奔走于中山、澳门、香港、台湾之间，联络各地革命力量，为革命尽力。"翠亨四杰"的革命举动，对杨殷产生了深刻的影响。

杨殷在县城求学的年代，也是各种新旧思想交汇、杂陈的年代。当时就有香山知识青年刘思复（师复）、郑彼岸和李怜庵等创办了香山阅报社，又在莲塘街郑三公祠举办演说社，传播文化知识，鼓吹社会变革。杨殷在课余时间经常去阅报社阅读，到演说社聆听演讲，主动接受新知识。刘思复等人曾赴日留学，加入了同盟会，回国后参加反清斗争。随后，刘思复宣传无政府主义。早期的无政府主义把斗争矛头指向清朝政府，在反对封建专制的斗争中，曾起过某些积极作用。后来随着马克思主义的广泛传播，无政府主义为了摆脱一切束缚以达到所谓的"理想境界"，就把斗争锋芒逐渐转向马克思主义。杨殷在少年时代虽然也受过刘思复等人反清思想的影响，但在后来的革命实践中，他对无政府主义始终秉持反对态度。

二、投身革命

1907年，杨殷以优异的成绩考入香港英文书院就读。由于性格刚直的他忍受不了外国人对中国人的歧视，后又转到广州圣心书院就读。母亲便托丈夫的好友、广州陈李济药厂少东主陈少泉代为照料。这时，陈少泉的独子不幸暴卒，陈家十分哀伤。杨殷的到来给陈家带来不少安慰，故陈家对他十分疼爱，视为己出。1910年，杨殷奉母命迎娶香山五区茅湾李庆梅过门。李庆梅出身望族，受过良好的教育，贤良淑德，出嫁时的嫁妆颇为丰厚。李氏过门后与丈夫相敬如宾，孝顺婆婆，与小叔子、小姑子亲如弟妹。

青葱岁月　追求真理

　　1905年8月，中国有史以来第一个资产阶级政党中国同盟会成立。1907年至1910年2月，孙中山策划的7次武装起义——潮州黄冈起义、惠州七女湖起义、防城起义、镇南关起义、钦廉之役、河口之役和广州新军起义均告失败。愈挫愈奋的他毫不气馁。1910年11月，孙中山及黄兴、赵声、胡汉民等人在马来亚槟榔屿召开秘密会议，决定在广州发动一次更大的起义，以推动全国革命形势的发展。1911年1月，同盟会在香港成立统筹部，并在广州设立秘密据点作为办事和储藏军械的地点。

　　杨殷在香港和省城广州读书期间，就经常在港澳帮助搜集情报和联络各方，并为堂叔杨鹤龄送情报带书信，协助同盟会南方支部副支部长孙眉（孙中山胞兄）运送武器、联络党人等。他生性机灵，爱动脑筋，做事干练，完成任务出色，深得孙眉赏识。1911年初，19岁的杨殷由孙眉主盟加入了中国同盟会，随即投入黄花岗起义前夕的紧张工作中。当时孙眉化名黄镇东，负责在广州湾策应武装起义。杨殷负责秘密交通联络，奔走于湛江（旧称广州湾）、澳门、香港、广州、顺德、香山等地，联络同志和会党，传送、收集情报。

　　1911年4月13日下午5时30分，黄兴率130余名敢死队员直扑两广总督署。总督张鸣岐慌忙逃走。起义军焚毁总督署后，在东辕门外与水师提督李准派来的清兵短兵相接，浴血奋战，终因寡不敌众而告败。这次起义牺牲百余革命党人，

广州圣心书院。杨殷曾在此处念书。

后由同盟会会员潘达微收殓得72位烈士尸首，安葬于广州城郊红花岗，并改其名为黄花岗，故这次起义又称"黄花岗起义"。黄花岗起义虽然失败，但却是辛亥革命胜利的前奏。

这期间，杨殷继续辗转于广州湾、高雷地区、珠江三角洲地区及南洋之间，协助筹集款项、策动起义，并与三合会、洪门及各路绿林广交朋友，鼓动和团结各方力量同为革命出力。

同年10月10日，武昌起义成功后，全国迅速掀起辛亥革命高潮。在广东，10月30日，新安县（后改称宝安县，今属深圳市）光复，11月5日，香山县光复，继而，惠州所属各县相继光复。同月底，杨殷配合孙眉策动的化州、茂名、电白、信宜、吴川、廉江等高州六属和徐闻、海康、遂溪的雷州三属起义全部成功，并建立了共和政权。12月2日，革命军攻占南京，南方各省均告光复。12月29日，十七省代表在南京选举中华民国临时大总统，每省一票，孙中山以十六票当选为大总统，黎元洪为副总统。1912年元旦，孙中山在南京宣誓就职。

辛亥革命胜利后不久，杨殷带着妻子李庆梅及妹妹到广州拜访陈少泉。自儿子殁后，又讨了多房姜侍却仍没有生养的陈少泉见到杨殷小网口和三个妹妹的亲热劲，十分羡慕。杨殷告诉陈少泉：这三个妹妹中只有一个是胞妹，其余两个是庆梅的陪嫁婢，今清廷已被推翻，提倡解放婢女，她们都是我的妹妹，我正供她们读书呢。他还劝陈少泉将各房姜侍

杨殿与家人。后排居中为杨殿，前排左四为其结发妻子李庆梅。

的婢女收为养女，以享天伦之乐。陈少泉认为有道理，便照办了。

然而，辛亥革命虽然成功推翻了清王朝，结束了中国两千多年的封建帝制，建立了共和制；但由于革命党人的妥协，袁世凯依仗帝国主义的支持，逼孙中山辞去临时大总统职务，辛亥革命的成果被袁强夺。这时，杨殷正奉命在南洋一带活动，一位亲友劝他留在南洋发展，一起做生意定能过上舒适的日子。但是杨殷认为，孙先生创立的革命事业如今被袁贼所毁，自己不能置之度外，一定要回国尽绵薄之力。

1913年，为了推翻袁世凯政府，孙中山发动了"二次革命"。杨殷义无反顾地追随孙中山继续革命，奔走于沪、粤、港、澳及南洋一带，联络革命党人，号召人民起来进行反袁斗争。他曾怀揣炸弹，扮作路人，将参与指使暴徒杀害宋教仁的袁世凯心腹爪牙——上海镇守使郑汝城炸翻落马。"刺郑案件"轰动全国，杨殷在革命党人中声望大增。

1916年6月6日，袁世凯暴毙。随之而来的北洋军阀统治，使中国陷入军阀混战时期。1917年7月1日，张勋拥清室复辟。海军总长程璧光愤然辞职，在沪发表海军讨贼檄文。孙中山在上海召集在沪国民党要人，"乃与海军总长程璧光、第一舰队司令林葆泽，共商大计"。决定于南方另行召集国会，组织临时政府。7月6日，孙中山偕章太炎、朱执信、廖仲恺、陈炯明等率海琛、应瑞舰离沪南下。9月10日，

大元帅府

孙中山在广州就任中华民国军政府海陆军大元帅。杨殷被孙中山委为大元帅府参军处副官兼孙中山卫士队副官。他尽忠职守，常备不懈，往往与卫士队队员一起巡逻，受孙中山等人的表扬。其间，他与不少国民党政要有接触，而廖仲恺是他最为敬重的政要。

由于桂、滇等西南实力派名为"护法"实为争夺地盘，孙中山认识到依靠军阀不可能达到护法救国的目的，乃于1918年5月4日愤而通电"向国会非常会议辞大元帅之职"，离穗赴沪。至此护法运动失败。对此，杨殷既愤怒又失望，随之辞去参军处职务，由妻舅推荐，在广州西关盐务稽查处任高级督查（当地人称"师爷"），专事查缉盐商走私漏税。他作风正派，秉公办事，不徇私情，以理服人，因而声誉很好。

杨殷有了相对稳定的职业后，便把妻儿接到广州，住在堂兄杨心如在榨粉街的一幢两层楼的房子。该房曾为同盟会的活动据点。杨心如因家人全在台湾，在众叔伯兄弟中，与杨殷关系最为密切，便把房子交由杨殷代管。杨殷的妻子李庆梅持家有道，夫妻恩爱，儿女听话，家庭和睦，家中不时高朋满座。1921年，庆梅怀上了第四个孩子，杨殷对妻子更体贴入微。岂料祸从天降，长子因烫伤不治早殇。庆梅终日思儿茶饭不思，导致营养不良患上肺病，在产子月余后病逝。爱妻的离世使杨殷悲痛欲绝，失去慈母的儿女更需要人照料，杨殷忍痛把四个子女分散寄托亲戚抚养，大女爱兰和二子棣皓由居住在澳门的妻舅照顾，三女由杨鹤龄抚养，幼子则托弟妇帮着照看。尔后，这个铁汉子把对妻子的怀念之情埋藏心中，继续追求真理和寻找新的革命道路。

三、加入中国共产党

20世纪初叶，中国处于风雨飘摇的年代。孙中山领导的旧民主主义革命屡遭失败，使信服孙中山的三民主义的杨殷一度感到茫然。1915年，《青年杂志》（后改名《新青年》）的创办掀起了新文化运动，举起的民主与科学的旗帜，使杨殷的思想起了变化。俄国"十月革命"胜利的消息传来，虽然使他看到了一线曙光，但是如何解救中华民族于水火，他仍旧困惑迷茫。

1919年5月4日爆发的五四运动，标志着中国历史进入一场新的伟大的反帝反封建斗争。一批具有初步共产主义思想的知识分子深入工人群众中宣传，促进马克思主义与中国工人运动相结合。五四运动在杨殷内心引起了极大震动，他以青年人特有的敏感和朝气投入这场洪流中去。他虽然身为高级盐务官员，但对学生和工人的行动深表认同和支持。7月10日，杨殷参加了广州各界群众一万多人在东园广场召开的国民大会。他看到会场上悬挂着这样的对联："主权所在，究属何人，愿四百兆同胞振奋精神结团体；奴性不除，终难救国，合五大洲民族伸张公理胜强邻。"这使他极为震撼。

特别是各界代表在会上发表了慷慨激昂的演说，表达了誓死救国的决心，更使他心里不能平静。学生罢课、工人罢工、商店总同盟罢市，汇成了一股强大的反帝爱国洪流，让他看到了民众的力量，充满了希望。

随着五四运动的发展，1920年8月，在共产国际来华代表的帮助下，新文化运动的发起人陈独秀首先在上海发起成立共产党组织。10月，李大钊在北京成立了共产党组织。在中国共产党的初创时期，广州是仅次于上海、北京的一个活跃城市。同年8月，北京大学学生谭平山、陈公博、谭植棠等在广东成立了广东社会主义青年团，并于10月在广州创办《广东群报》，宣传新文化。同年秋，共产国际派俄国人米诺尔和别斯林来到广州，帮助建立了"广东共产党"组织。年底，陈独秀南来广州执掌广东省教育委员会，参加了"广东共产党"的活动，于1921年初改组了广东（广州）共产党组织（党的一大后称中共广东支部），其党员有陈独秀、谭平山、谭植棠等9人；并将《广东群报》定为机关报，成为中国共产党创立时期第一份大型地方党报。

为培养革命骨干，1921年6月，陈独秀从广东省教育委员会中拨出经费，在广州高第街素波巷创办了"宣讲员养成所"，并在杨家祠（今越华路116号）创办了注音字母教导团，对青年工人和学生中的青年团员、积极分子实行免费教育。陈独秀在粤工作时，谭平山介绍了香山南屏北山人杨章甫担任其粤语翻译。随后，杨匏安、杨章甫叔侄先后加入了

廣東群報創刊號

本報宗旨

（一）不談現在無聊政治、專為宣傳新文化的機關。

（二）不受任何政黨援助、保持自動出版物的精神。

目錄

中国共产党。由于杨殷和杨匏安、杨章甫是同族关系，又常在杨家祠出入，并且他在香港和广州念书时学的是英文，对注音并不陌生，曾一度当过老师。所以，陈独秀也曾找杨殷帮忙为其著作校对粤语注音。这样，杨殷和这些共产党人就建立了亲密的联系。

由于经常和杨章甫、杨匏安等人的接触，杨殷的思想也发生了变化，对革命书刊产生了浓厚的兴趣。他从街上买回了《共产主义ABC》《共产党宣言》等书籍，认真研读，马上被共产主义吸引住了。随后又跑到书店购买《社会主义政治经济学》《资本论》等，继续认真研读。同时他再认真阅读陈独秀、李大钊等主编的《新青年》《每周评论》杂志，萌发了新的思考，心中豁然开朗。

1922年初夏的一个中午，杨章甫、梁复燃二人外出办事，刚走到杨殷住处附近时忽遇大雨，便急忙跑进杨家避雨。二人进入客厅，只见杨殷躺在卧椅上睡着了，一本书从他手中滑落地上。杨章甫捡起来一看，是《社会主义政治经济学》。杨殷听到动静醒来，见是杨章甫和梁复燃，连忙招呼入座。看见二人眼睛盯着书，流露出疑惑的表情，杨殷解释道：我听了陈独秀先生的演讲后，买了几本马克思的著作来看，觉得很有道理，要救中国，非此不可。还答应借给二人阅读。然而，杨殷哪里知道，眼前这两个好朋友，正是他苦苦寻找的共产党人。

杨章甫、梁复燃即向中共广东支部书记谭平山详细汇报

广州共产主义小组在广州高第街素波巷创办的"宣讲员养成所"旧址

了杨殷的政治倾向。谭平山认为杨殷的思想是倾向进步的，又是个很不简单的人物，曾任孙中山的贴身卫士，于是，布置杨、梁二人继续与他联系，负责对他进行帮助教育。经过一段时间的考察和培养，杨殷遂由他俩介绍、谭平山监誓，加入了中国共产党。从此，他从一个民主主义者转变为一个马克思主义者，决心为共产主义事业奋斗终身。

第二章

参与平叛 领导工运

参与平叛　领导工运

一、受命领导铁路工运

1923年6月12日至20日在广州召开的中共三大，是中国共产党历史上一次极其重要的会议。这次会议确定了和国民党合作，建立革命统一战线的方针政策；通过了《劳动运动决议案》等方面的决议案。大会还对粤港澳地区的工人运动专门作了部署，指出"必须大力向广州、澳门和香港的工人宣传民族运动"。刚从苏联学习回国的杨殷，参加了三大的后勤保卫工作。三大以后，中共广东组织派了一批优秀干部加强领导工人运动，杨殷便是其中之一，被委派到广州石井兵工厂和铁路从事工人运动。

杨殷接受任务后，首先前往大元帅府谒见孙中山，谈及要到石井兵工厂和铁路从事工人运动，希望得到孙中山的支持。由于杨殷负责国民党广州市第四区分部改组的成绩突出，孙中山表示赞同并欣然给他写了手谕，鼓励他要多发动工人参加国民革命。

石井兵工厂为岭南最早的近代官办兵工厂，前身为广州机器局，1911年11月由广东军政府接办。孙中山在广州建立

第三次全国大会宣言节录

中共三大的会议文献

参与平叛　领导工运

革命政权时，曾先后派朱卓文、钮永建、马超俊等任厂长。此时正是马超俊任厂长，他还兼任广东省机器工人维持会（简称"广东机器工会"）主任，兵工厂全部工人都被迫加入了这个黄色工会。他自恃"工运功臣"及依仗有后台，只手遮天，贪污渎职，虐待工人，克扣工人两个多月工资，使不少本来收入不算很低的工人家庭濒于揭不开锅的境地。杨殷到兵工厂之前，中共广东区委已派了党员杨匏安、罗绮园、彭粤生等到该厂开展工作。由于兵工厂被马超俊牢牢控制，工作难以开展。马超俊清楚杨殷不仅深得孙中山的信任，且办事公道、铁面无私，故不敢太放肆，只命令工头何仲莲等威吓工人，不准与杨接近。

杨殷到石井兵工厂后，先向早期到达的中共党员了解情况，通过与工人一起干活，拉家常，很快就与见识较广的机器工人罗珠、陈日祥（又名陈日长）交上了朋友。他在兵工厂向原有的团体"研艺小隐"进行宣传，从中吸收了一些先进分子。一天，老工人庞伯在扛铁条进车间时，因饥饿虚脱，站立不稳，碰倒了杂物。工头一边骂他故意损坏机器，一边举鞭往庞伯身上抽。杨殷一个箭步冲上前去，伸出两只手指一下子把铁鞭钳住。工头转身一看，是孙中山派来的人出面制止，又见围观工人全是怒目圆睁的，连忙三步并成两步地溜出了车间。杨殷扶庞伯坐下，庞伯眼里尽是感激。工人们看到杨殷是真心实意为大家好，都亲切地叫他"殷哥"。

为了更好地打开工作局面，杨殷通过歃血为盟的宣誓仪

石井兵工厂，后改称广东兵工厂。

式，在兵工厂组织起第一个"工人十人团"，成员有杨殷、杨匏安、杨章甫、罗绮园、陈日祥、罗珠、罗俊、郑桥、郑煜、梁芳。"十人团"的成立，打开了广东机器工会不许机器工人参加赤色工会活动的第一个缺口。1924年，经杨殷等介绍，罗珠、陈日祥、郑煜、罗俊、冯端、郑桥、梁芳、屈锐等加入了中国共产党，在兵工厂建立了广州地区第一个产业工人党支部。

杨殷在兵工厂的工作有了起色后，又奉命到粤汉、广九、广三铁路开展工作。广东修建铁路始于甲午战争结束后，美、英、法、德、日、俄等列强竞相争夺修筑铁路权，直到1903年至1916年间，以广州为中心的广三、广九、广韶三条铁路才先后建成通车，终点站均在广州市区，各自设机构管理，互不统属。1905年，清政府赎回粤汉铁路路权后，准予粤汉铁路全线分三段修筑，鄂省段官办，湘省段官督商办，粤省段商办。此时主管全国铁路的是香山人唐绍仪和三水人梁士诒，在铁路工作的人员为数不少是香山东部沿海一带的人，商办广东粤汉铁路总公司的股东也多为香山人，故粤汉铁路不仅向有"香山会馆"之称，香山四区的闽方言在这里也算得上是"官话"。1923年4月，广州大元帅府派陈兴汉接管商办广东粤汉铁路总公司，粤汉铁路由商办变为官督商办，而后改为官办。陈兴汉也是香山翠亨村人，比杨殷年长16岁，两人交情颇深。因此，当杨殷拿着孙中山的手谕，表明希望能做个路路通"顾问"时，陈兴汉爽快地答应了，

大元帥令

第　頁

派陳興漢管理粵漢鐵路事宜此令

孫文

民國十二年四月十七日

孙中山派陈兴汉接管粤汉铁路的手谕

并立即知照各部门。

杨殷首先找已在铁路开展工作的中共党员潘兆銮等人了解情况，又介绍杨匏安到粤汉铁路广州分局任编辑主任，使其有合法身份开展活动。接着，杨殷又以铁路局顾问加"乡里"的双重身份深入到铁路工人的家中访贫问苦。他先找到在粤汉铁路工作的翠亨村人陆珠，通过他与同属香山东乡籍的李连、李甫、梁功炽等交上朋友，再串连机厂及机车工友，组织了"公馀群旅"（公馀群旅俱乐部为当时的粤汉铁路工人群众组织之一），以此为基地，聚集工友。他以中国工人受外国资本家的残酷压迫剥削的大量活生生事例，深入浅出地解释工人受苦的原因，说明工人们只有团结起来才能跟资本家说理、斗争。工人们看到杨殷这个"顾问官"毫无架子，对待工人就像亲兄弟一样，大家都乐意和他接近，尊称他为"殷哥""殷叔"。杨殷又仿照在兵工厂的做法，争取了粤汉铁路工人李连、李甫、陆珠、曾伟赞、杨文英等人，秘密组成"十人团"。"十人团"所吸收的对象是工人积极分子；有10人参加即可组成一个团，10人以上不足20人的仍是一个团，20人以上则组成两个团。"十人团"每三个月改选团长一次，领导十人秘密开会或发动工人参加工人运动。在很短时间内，杨殷就在粤汉铁路组织有两个"十人团"，分别由陆珠、李连担任团长；随后，广三铁路也成立了"十人团"；通过"十人团"这种组织形式，培养了一批工人积极分子。继而，他先后介绍了梁功炽、李连、李甫、

黄沙车站

陆珠、陈理（陈信川）、曾伟赞、周祥等加入中国共产党，在广东铁路工人中建立了首个中共组织——中共粤汉铁路支部，支部活动地点在黄沙总站附近的蓬莱路阶砖巷七号。杨殷也经常参加支部会议，具体指导如何在工人群众中开展工作。

此时的粤汉铁路实权由滇军军阀所掌握，滇军总司令杨希闵自恃拥孙中山回粤主政有功，在粤骄横跋扈，强抢豪夺，为所欲为。当时粤汉铁路广州段每天收入约为10000元，杨希闵将绝大部分据为己有，只拨回小部分给铁路局。为顾全大局，孙中山也让他三分，更毋庸说粤汉铁路高层了。这样导致工人不但工资很低，甚至有时三四个月都领不到工资。为了工人的权益，杨殷率领粤汉铁路的中共党员，以"十人团"为核心，再去串连教育其他工人，以总工会的名义向铁路管理部门要求发还工资。慑于工人的浩大声势，粤汉铁路当局只得发还所欠工资，工人的生活才得到初步的改善。杨殷领导争取劳工保障斗争的胜利，给铁路工人以极大鼓舞。

1924年1月在广州召开的中国国民党第一次全国代表大会，完成了国民党的改组工作，标志着第一次国共合作的形成，这为工农群众运动的开展创造了有利条件。杨殷以国民党中央工人部特派员和广州市党部第四区分部秘书的公开身份，继续深入到广三、广九与粤汉铁路开展活动。为便于接近工人，他住进了靠近粤汉铁路车站的新安村。

有一天，一位青年工人气冲冲地跑到杨殷办公的地方来报告：滇军在车站拉夫，打死了工人何炳祥。杨殷立即赶到事发现场了解情况。原来是粤汉铁路火车在运输军火北上至韶关的途中，经过军屯时，驻地滇军强令火车停驶并野蛮开枪扫射，导致司机何炳祥中弹身亡。杨殷目睹工人兄弟陈尸血泊，捏紧拳头，跃上机车，拉响汽笛。他站在机车顶上，挥动着胳膊，愤慨地向四面八方拥来的工人和家属呼吁："兄弟们、姐妹们，军阀拉夫，打死了我们的兄弟，我们要他们偿命！""杀人偿命，血债血偿！""保障工人的生命和生存！"人群中发出了怒吼。杨殷带领着工人群众，抬着何炳祥的遗体走向铁路局，抗议滇军滥杀无辜，要求赔偿及抚

粤汉铁路总工会会员证

恤。粤汉铁路当局恐事态进一步扩大，一面向孙中山请示，一面急忙与杨殷及工人代表谈判。在工人的严正抗议和在孙中山的支持下，滇军被迫惩办了凶手，铁路局破天荒发给家属抚恤金和丧葬费。为扩大影响，依照杨殷等提议，由粤汉铁路总工会出面，举办了一次大规模的出殡仪式，广州各工会均派人前来公祭。这次斗争的胜利使大家对"团结就是力量"有了进一步的认识。1925年8月28日，粤汉铁路的工程、工厂、司机、车务、木匠等5个部门率先打破行会界限，成立了统一的产业工会——粤汉铁路总工会，杨殷被聘为顾问。

与此同时，杨殷还深入到广三铁路把机器厂（包括司机、司炉等）、木厂、材料厂、油蒜厂、印刷厂等的工人发动起来，成立了广三铁路总工会。

在粤汉、广三、广九等铁路工会建立的基础上，三条干线的党团组织先后建立。从此，在中共领导下，广东铁路工人成为一支坚强的革命力量，在后来的省港大罢工、平定刘杨叛乱、北伐战争和广州起义中都发挥了重要作用。

1924年2月7日，中国共产党在北京秘密召开全国铁路工人代表大会，正式成立了全国铁路总工会。不久，全国铁路总工会广州办事处成立，在铁路工人中享有极高威望的杨殷均被聘请担任顾问。同年5月1日，广州工人代表大会成立，杨殷也被聘为顾问。

广州沙面汇丰银行旧址

二、参与平定商团叛乱

国共合作后，正当工农革命群众运动顺利发展的时候，1924年8月至10月间却发生了一起商团武装叛乱事件。对此，孙中山和广东革命政府决定采取断然措施平息叛乱。中共广东区委坚决支持和大力协助孙中山采取的平叛行动。在这场平叛斗争中，杨殷始终站在斗争的最前线。

广州商团原本是广州商会建立的商人自卫组织。后来，英籍华人、汇丰银行广州分行买办陈廉伯担任广东商会会长，与帝国主义列强及军阀紧密勾结，积极扩充商团军，其规模达到10个团4000多人，企图颠覆孙中山领导的国民革命政府。1924年8月，陈廉伯从英国南利洋行购买了大批枪械，通过丹麦轮船"哈佛"号私运广州，广东革命政府在该轮船抵达时将其搜获扣留，并下令通缉陈廉伯、陈恭受。逃往香港的陈廉伯不肯善罢甘休，在港英当局的支持下蓄意扩大事端，煽动商人罢市，一队队的商团军在广州以及九江、大良、陈村、西南、佛山等地用武力威迫各商店罢市。

刘尔崧、杨殷等以广州工人代表会名义着手成立广州工团军，以打击反动的广州商团武装。同年8月下旬，经广东省省长廖仲恺批准，工团军正式成立。杨殷积极配合刘尔崧等，在工代会所属的工会中挑选了500多名青壮年工人加入，还推荐了刘公素担任工团军副团长，陆珠任小队长，并推举李连、李甫等为骨干。刘公素为人正义，笃信孙中山三民主义，属国民党左派，其后，在率领工团军队伍打击商团军和省港大罢工期间，他还率领工人纠察队在中山沿海一带执行封锁水路交通以及广州起义中发挥了作用。工团军是中共广州地委通过广州工人代表会所掌握的第一支工人武装，由共产党员施卜任团长，刘公素、胡超为副团长。工团军以工会为单位进行编队，实行"三三制"，设立分队、小队、中队、大队；指挥权属广州工人代表会的军事委员会；主要任务是"辅助革命政府，镇压反革命行动，尤其注重保护工人，防御海盗之侵略"。9月20日，奉孙中山之命，工团军与农团军一起开往韶关训练，并受到孙中山亲自接见和嘉勉。

同年10月10日，广州市各界在广州中央公园举行纪念武昌起义13周年（即"双十节"），到会的有工人、农民、学生和革命士兵30多个团体近6000人。大会由谭平山任主席，周恩来以民族解放协会代表的身份发表演说，号召工农武装起来，团结一切革命力量向破坏革命的反动派进攻。会后举行示威游行。商团军竟在太平路段武装冲击游行群众。工团军第二分队长黄驹等20余人被屠杀，100多人受伤，100多人被掳走。商团军甚至还把黄驹等人破腹剜心、陈尸街头，状极悲惨。商团军并未罢休，还串连全省商团罢市，张贴布告，要求孙中山下野。

对此，中共广东区委立即召开紧急会议研究对策。会上，区委委员杨殷向委员长周恩来建议用工团军对付商团军。他亲自率领工团军，联合郊区自卫军一起，向大元帅府请愿，要求"讨伐商团军，血债血偿！"在工农群众的支持下，孙中山决心解除商团军的武装，遂于广州河南士敏土厂召开会议，部署军事行动计划，命杨殷去摸清敌情。杨殷接受命令后，即召佛山饼业工会主席欧阳峰到广州刺探情报。欧阳峰在杨殷的住处附近租了一间屋，每天挑着一担饼到西关一带沿街叫卖，发现情况立即向杨殷报告。杨殷还通过盐船工人和盐务处的朋友，弄清了商团军的兵力、驻扎调防及在西关构筑的军事工事等情况。

10月14日，孙中山下令解散商团，命令北伐军回师平叛。广东革命政府成立了平定商团叛乱的最高指挥机关——革命委员会，孙中山亲任会长，谭平山、廖仲恺、陈友仁等为委员，周恩来、陈延年等均参加军事指挥部工作。当晚，商团发动武装叛乱，控制城市制高点，攻击政府。15日凌晨，革命委员会下达总攻击令，杨殷等率领的工团军与粤、湘、桂、赣军和警卫军、黄埔学生军、市郊农民自卫军兵分五路向西关进军，激战一整天，商团军全部缴械，当晚即平定了商团叛乱。

平定商团叛乱后，中共广东区委要求所掌握的各工会设立工人纠察队，让工团军成员成为纠察队骨干。这支由共产党所掌握的工人武装更成为日后斗争主要力量，尔后工团军成员又成为省港罢工和广州起义的工人纠察队骨干。

大本營公用牋

胡留守鑒電悉◯諸商人既如
此非大加懲創不能挽回大局着即
宣布戒嚴停止一切法政付
托全權於革命委員會使便宜
行事以應非常之變各軍既覺
候微容商團之非◯◯曾着令一
致服從革命委員命令不得再
事遲豫切切此令　孫文元午

華民國十二年十月十二日

孙中山致胡汉民平定商团函

杨殷为工人纠察队的建设付出了大量的心血。1925年春夏，杨殷等先后改组了粤汉铁路总工会、广三铁路总工会的工人纠察大队，安插中共党员任要职，确保了武装纠察队为中共组织所控制。杨殷还亲自给纠察队员讲课并指导其军事训练。工会的财力有限，没能力装备纠察队，杨殷等领导广三铁路的党、团员带头并发动工人每人捐两天工资用以买枪，解决纠察队的武器装备问题。后来还发动工人每人每月捐一天工资支援省港大罢工，捐一天工资作工会费。

1925年5月底，盘踞在广州的桂系军阀刘震寰、滇系军阀杨希闵同英国和北洋军阀相勾结，在广州发动武装叛乱，图谋推翻广东革命政府。中共广东区委坚决支持革命政府肃清刘杨叛乱。此役杨殷负责组织广三、广九、粤汉三铁路工人罢工，中断滇、桂军防区内的铁路运输，阻止叛军集结广州。他还亲自率领铁路工人纠察队在东莞、清远、三水等地接应周恩来等率领的革命军回师广州，与黄埔军校学生、农军一起配合革命军一举击溃了叛军。

通过两次平定叛乱，杨殷进一步认识到，只有建立革命的武装力量，才能够与拥有强大武装力量的反动势力作斗争。

三、参与领导省港大罢工

1924年秋，中共广东区委派杨殷负责香港方面的党建和

20世纪20年代的香港

工人运动。杨殷到港后，物色发展了一批党员，建立了香港地区首个中共支部——中共香港小组，并在九龙船坞成立了外围组织"小社"，聚集了不少工人，为日后中共组织在香港建立活动基地和开展工作做了准备，也为发动省港大罢工打下了良好的基础。杨殷由于在开展工人运动和党建工作方面表现出色，便以广东代表的身份出席在上海召开的中国共产党第四届全国代表大会。他在会上介绍了广东、香港等地工人运动的情况以及国共合作的经验和教训。

中共四大后，群众运动蓬勃发展。1925年5月30日，2000多名上海学生在租界内抗议上海日资纱厂的日本资本家镇压工人罢工，开枪打死工人顾正红（中共党员）及打伤10余名工人的暴行时，被英国巡捕逮捕了100余人。下午，万余群众聚集在英租界南京路老闸巡捕房门首，要求释放被捕学生。英国巡捕竟开枪射击，当场打死13人，重伤数十人，逮捕150余人，造成震惊中外的五卅惨案。

五卅惨案消息迅速传遍全国，各大中城市纷纷罢工罢课，声援上海人民的反帝斗争。6月1日，中共广东区委接到"中央电令举行大示威"，但由于此时正值刘杨叛乱，广州形势告急，乃决定平息暴乱后，再组织广州、香港两市工人举行罢工声援上海反帝爱国运动。随后，中共广东区委、共青团广州市委和全国总工会派遣杨殷、邓中夏、杨匏安、黄平等到香港会同苏兆征一起，与各工会联络，商讨罢工事宜，并成立了全港工团委员会，苏兆征任干事局长，邓中夏为总参谋。

当时香港地区有100多个工会，分属三个派系，大部分操纵在资本家、封建把头和黄色工会头目手里，这些人对反帝的诉求不强烈，加上香港海员大罢工后，港英当局加强了对工人和市民动向的监控。要在短短的十来天发动一次全面性的反帝政治罢工，其难度和阻力是可想而知的。究竟如何才能最大限度地发动工人罢工？杨殷和邓中夏、苏兆征三人亲自做上层工团的工作，向各工会领袖开展宣传教育，激发其爱国热情。杨殷主动提出：当年自己参加过洪门组织，追随孙先生闹革命时就专与会党打交道。而香港的工会、行会会员大都加入了洪门、三合会，他们的民族意识相当浓烈，对异族的侵略压迫向来表示憎恨，可以这个身份去与工会的头头做工作。苏兆征、邓中夏表示赞成。杨殷首先邀请九龙三合会"和利和"的头领到华东茶楼饮茶，以洪门、三合会的叔父资格劝导他们、激发他们的爱国情绪。杨殷还把中共党员罗珠、李连介绍给他们认识。由罗、李与他们联系，发动工人参加罢工。

6月上旬，中共中央广东区临委、中共广东区委和中华全国总工会决定在香港举行罢工，并指定邓中夏、杨殷、黄平、苏兆征、杨匏安5人组成党团，作为罢工的指挥机关。随即在香港西环加仑台杏花楼召开工会领导人会议，经过杨殷、邓中夏、苏兆征、杨匏安的宣传鼓动，各工会领袖群情激奋，一致赞成举行大罢工。在车衣工会召开发动罢工第二次会议时，港英当局已下令戒严，全副武装的警察在街头巡逻。虽然杨殷等人及时发现并轰走了混进现场的便衣侦探，但英警仍抓走了杨匏安、戴卓民等六七人。港英当局的野蛮行径激起工人们的无比愤恨，反帝斗争情绪更为激昂高涨，响应罢工的工人越来越多。

经过几天的紧张发动，广大工人情绪高涨，摩拳擦掌地要求早日行动。但仍有一些工会头领迟疑不决，提出了诸如罢工回广州后的衣食住行等问题。邓中夏、苏兆征、杨殷等除一再耐心解释、劝说外，还就相关问题进行反复研究，最终决定于6月19日行动。

1925年6月19日，香港的海员、电车、印刷、洋务工会首先罢工，接着同德、集贤、卸货、海陆理货、煤炭等工人和其他行业工人群起响应。至7月2日，全港工人全部罢工。仅十多天内，罢工人数达20万人。

在香港党团和各工会领导人的组织和带领下，罢工工人相继回到广州。当时从香港回广州有水陆两条路。水路有到南头、宝安、汕头、深圳、江门、石岐、梧州、广州湾等，陆路则有深圳。在深圳设有指挥部，汕头、江门、石岐等地也设有招待点。省内各同业的工会组织了欢迎队伍，白天手拿小旗，晚间则提灯笼在码头前迎接。当时航行省港渡轮的船主许多是杨殷的亲戚，在他的疏通下，从水路回广州的罢工工人一律不用买船票。

6月21日，广州沙面的工人和市内各洋行的工人宣布总

香港总工会执行委员会机关旧址

罢工。为了加强对罢工的领导，中共广东区委决定由李森、陈延年、刘尔崧、林伟民等6人在广州组成党团。随后，在全国总工会之下建立了一个公开的省港罢工委员会，负责处理罢工的一切事宜。

6月23日，广州工农商学兵各界和省港罢工工人共10万人在东较场召开援助沪案示威运动大会。会后举行反帝示威游行。中共广东区委负责人陈延年、周恩来等亲自领导群众游行。杨殷时任中共广东区委监委委员，也参加了这次游行，担负维持秩序工作。当游行队伍经过沙面租界对岸的沙基路时，遭到沙面租界的英、法帝国主义军队开枪射击，打死打伤200多人，这就是骇人听闻的"沙基惨案"。

"沙基惨案"发生后，广东各界以各种方式揭露帝国主义的罪行。杨殷更是义愤填膺，一方面积极参与省港罢工委员会的工作，往返于广州、香港之间，继续发动群众支持罢工；另一方面把注意力放在组织工人纠察队，以此保卫罢工，维持社会安全，封锁香港，用实际行动反击帝国主义的暴行。

在杨殷的大力推动下，1925年8月28日，粤汉铁路总工会成立，陆枝为主任，潘兆銮为秘书（两人均为中共党员），杨殷为顾问。杨殷还指导该总工会成立了工人纠察大队，由共产党员任大队长，下辖三个中队，总共100多人。次年春，杨殷又具体指导成立了广三铁路总工会，他被聘为顾问。随即，他改组和健全了广三铁路工人纠察队的领导机构，使领

"沙基惨案"纪念碑

导权牢牢掌握在中共组织手里。这几支工人纠察队在省港罢工中发挥了重要作用。如广三铁路工人纠察队曾奔赴中山等沿海地区承担查处偷运货物、封锁水路交通的任务。

随着罢工运动的推进，革命统一战线内部的斗争也日趋激烈。国民党右派先后发动了刺杀国民党左派领袖廖仲恺事件和把矛头指向共产党的"中山舰事件"，并且暗中怂恿和指使反动势力破坏罢工，打压红色工会。对此，杨殷以广州市公安局顾问的身份积极参与侦破"廖案"。当场被击伤的凶手陈顺在昏迷中不断喊着"大声公"（即朱卓文，中山西栖人，曾追随孙中山左右），杨殷根据这条线索顺藤摸瓜，很快查出了其他凶手和间接相关人员，并委派容汉辉任逮捕队队长，将梁博、郭敏卿、梅光培、赵士伟、林星缉捕归案。"廖案"特委下令拘捕胡毅生、林直勉、魏邦平、朱卓文等。周恩来率黄埔军校学生逮捕了林直勉。胡毅生等人脱逃。国民政府还派出军队搜查了胡氏兄弟的住宅，撤掉了梁鸿楷第一军军长的职务，使国民党右派势力受到沉重的打击。

杨殷对于破坏罢工和妄图摧残工农运动的反动势力也毫不手软，坚决打击。1926年10月，他率领粤汉、广九、广三铁路工人纠察队远征台山，击败了武装袭击宁阳铁路总工会的"六大寇"和前来围攻的广东机器工会体育队。1927年元旦，杨殷又指挥三铁路工人纠察队击退了广东机器工会体育队对粤汉铁路总工会的两次武装袭击，给工人以极大鼓舞。

省港大罢工工人游行

　　为了保证罢工的胜利，1925年8月上旬，省港罢工委员会决定从全面封锁香港改为单独对英的策略，解决了广东的经济困难，拆散了帝国主义的联合战线。随后取消了对香港的封锁。这次罢工坚持了一年四个月，是中国和世界工运史上时间最长的一次罢工。在这次罢工中，杨殷参与了策划和领导工作，作出了重要贡献。

　　但是，随着北伐战争的发展，广东的工农革命运动不断出现危机。1927年4月15日，国民党右派集团在广州发动反革命政变，致使大革命在广东遭到失败。面对敌人的白色恐怖，杨殷迅即转入地下，继续组织革命力量，投入新的斗争。

第三章

广州举义　转战东江

广州举义　转战东江

一、肩负广东省委重任

北伐战争以后，在中共广东组织和国民党左派的共同努力下，广东的工农群众运动继续向前发展。然而，随着北伐的胜利进军，蒋介石的反革命野心日益膨胀，革命统一战线内部的斗争也愈加激烈。1926年12月，随着国民党中央党部和国民政府北迁武汉，国民党左派势力在广东进一步削弱，国民党右派的反革命气焰更加嚣张。面对这种严峻的形势，杨殷对国民党右派的逆行十分愤慨，同时对国民革命的前途深感忧虑。中共广东区委也在行动上为应付突发事件做了一些布置。

1927年3月下旬，中共广东区委书记陈延年率广东代表团离穗赴武汉，参加中共第五次全国代表大会，行前指定区委领导工作山穆青、赖玉润、刘尔崧、李森、杨殷等共同负责。于是，区委留穗成员每晚都开碰头会商量工作。4月上旬，区委接到中共中央的指示：时局正在紧张发展中，应准

四一二反革命政变的历史照片

备秘密机关布置，保持地下工作活动。杨殷即意识到在敌强我弱的形势下，应提高警惕，防备敌人的进攻。在区委会议上，他提出如下建议：立即做好应变准备，除物色秘密机关驻地外，应挑选可靠的人作为秘密联络员，同时还应着手建立为我们所掌握的秘密武装。会议同意了杨殷的意见，制定了设立秘密机关，做好转入秘密活动的准备，建立秘密交通网，筹建秘密武装——工人赤卫队，各地党组织和农民自卫军加紧做好应变准备，并指定由杨殷负责制定工人赤卫队的组成和应变计划。会后，即派出交通员到各地传达区委指示。可各交通员刚出发，上海就发生了四一二反革命政变。

翌日，杨殷等在报纸上看到此消息，即预感到腥风血雨也将刮至广东。当晚的区委碰头会后，杨殷立即赶到十八甫路"龚寓"与广东铁路工会的党员干部开会，再三强调要做好准备，各工会负责人要立即转移，烧毁或收藏好党内文件。会后，铁路工会按照杨殷的指示，立即宣布铁路区戒严，布置工人纠察队昼夜巡逻；将粤汉铁路黄沙车站的8个机车中的4个拖至韶关，毁坏了3个，留1个做机动；还破坏了江村路段的铁轨，使广州对外的铁路交通一度陷于瘫痪。

四一二反革命政变当天，国民党广东省政府主席李济深和古应芬等就带着上海反共会议的既定方针由沪返粤。4月14日傍晚，紧急召开反共会议，布置"清党"行动。15日凌晨2时起，国民党广东当局出动军警四处围捕搜查共产党人四一二反革命政变后，广州军警搜捕共产党人的有关报道。

和革命群众，被捕的共产党员和革命群众达2100多人，被杀害的100多人，制造了四一五反革命政变。广州城内顿时沉浸在血泊之中，广东全省也被白色恐怖所笼罩。

在黄沙的粤汉铁路总工会遭近千名军警及广东机器工会体育队的围攻。早有准备的粤汉、广三、广九铁路工人纠察队在杨殷的指挥下奋起反抗，与敌持续战斗10小时，毙伤敌人连长以下80多人。工人纠察队伤亡也有过百。因敌我力量悬殊，杨殷于是发出"边打边退"的命令。粤汉铁路工人武装和农民自卫军向南海、英德方向突围。这支突出重围的工人武装便是扑不灭的革命火种，数月后又打回来，作为中国共产党所领导的广州起义的主力军之一。

面对国民党反动派的突然袭击，杨殷等共产党人和革命群众英勇地奋起反抗。杨殷、罗绮园（后叛变）等指挥粤汉铁路工人纠察队和农民自卫军共1000多人，以机车作掩护，在粤汉铁路车站向敌人进行顽强的抵抗，自上午5时坚持到12时，毙伤敌人20多名。后撤往塘溪、横教一带，又与当地民团激战。由于广州戒严司令钱大钧调两艘军舰前来镇压，工农武装方告失败。

针对急剧变化的形势，4月17日晚，中共广东区委召开紧急会议商量对策。参加会议的区委成员有：穆青、赖玉润、杨殷、冯菊坡、罗绮园、周文雍、吴毅等。会上，杨殷力主区委机关暂时迁往香港，以保存革命力量，也有利于打通与上海中央和各地的联络，并表示自愿先行赴港租赁房屋。大家都觉得杨殷言之有理，提出的办法可行。区委经过讨论决定，由杨殷负责机关转移的准备工作；赖玉润与穆青随后赴港成立机构；另在广州成立中共广州市委，由冯菊坡、周文雍、罗绮园等负责。会议还制定了：挑选尚未暴露身份的、可靠的党员担任各党支部书记；重新掌握各工会；发表抵制反革命政变的宣言；营救被捕的同志等措施。

会后，杨殷即化装乘船赴港，通过关系迅速筹借到款项，在湾仔、上环等地租了一些民房作为办公地点和住处，率先安排赖玉润与穆青前往香港。而此时，港英当局亦闻风而动，加派警力检查行人，市面风声甚紧。赖玉润抵港后被安排先住在湾仔杨殷姑妈家。杨殷给了他几张从省城、潮州等地到香港的车船票，叮嘱他外出时带上以备检查。待稍平静后，杨殷让赖搬往坚道一间两房居屋。杨殷在上环紫兰台租了一幢二层楼房作为区委的办公场所；在薄扶林道租了一间房子作为组织部机关，安排穆青入住；将刚转移到香港西营盘的中共中山县委委员黎炎孟夫妇（其妻陆侠云是陆皓东的侄女，由杨殷介绍入党）的住所设为秘密联络站；将梁佐如（中共党员、海员）位于湾仔的住所设为通讯机构。杨殷还通过海员中的中共党员、广九铁路党支部和内河轮渡党支部等，建立起与中共中央以及各地区秘密通讯联络网络。一切安顿好后，中共广东区委在香港设立的工作机构立即开始运转。

杨殷与赖玉润、穆青均认为当务之急是尽快与中共中央取得联系。于是，由赖玉润执笔向中共中央报告四一五反革命政变前后广东党组织的情况和区委所采取的各种措施，请求中央速派人来广东主持工作；并附上中共五大的文件，请求中央对广东的工作作出指示等。由杨殷负责安排将海员中的中共党员秘密送达上海中共中央。与此同时，杨、穆、赖三人还商量决定：健全地区机构，建立各地区特委领导和联络机构，开展农民运动，积极武装农民，发动斗争；加强地方工作；加强港九地区工作，调冯菊坡到港工作；编印《红旗》刊物等。以上措施的施行，使中共广东组织逐步改变了被动局面。同年5月间，由于中共广东区委的主要成员多在武汉，或分散各地，或被捕牺牲，组织机构很不健全，所以留粤的原区委成员在香港成立了中共广东特委（简称"粤特委"），杨殷为委员兼肃清反革命委员会主席。他把肃反机关设在澳门以策安全。

在紧急关头，杨殷能当机立断提出中共广东区委迁港的主张符合当时斗争实际，也是非常正确的。这为保持党组织神经中枢的继续运转、保存革命骨干力量起到了重要作用。

1927年8月7日，中共中央在汉口召开紧急会议（简称八七会议）。会议确定了土地革命和武装起义的总方针，号召全党和人民继续开展斗争。8月11日，中共中央临时政治局决定在广东同时成立中共广东省委和中共中央南方局，张太雷为广东省委书记，张国焘为南方局书记；并决定成立南方局军事委员会，周恩来任主任，杨殷任委员。在周恩来等未

杨殷在港澳主持印刷的中共广东省委机关报《红旗》

到职前，由张太雷、杨殷、黄平组织临时南方局，领导广东、广西、闽南及南洋一带党组织的工作。由杨殷领导上述区域内的暴动及一切军事工作事宜。同月19日，张太雷抵达香港。次日，张太雷在香港主持召开广东省委会议，传达八七会议精神并成立中共广东省委，张太雷为书记，杨殷等13人为委员。会议根据中央的指示，结合广东的实际，决定在全省举行武装暴动，"并成立广州、西江、北江暴动委员会，分派人到各地工作"。会后，杨殷赴穗"去指导广州市暴动工作"。

10月15日，张太雷与周恩来、叶挺、聂荣臻、阮啸仙、杨殷等以及共产国际代表纽曼在香港坚道省委机关内召开南方局及广东省委联席会议，作出"暴动的计划仍应继续实现"；军队及全省工农讨逆军一律改称工农革命军；一律废除青天白日旗，改用红旗，以斧头、镰刀为标志；扩大土地革命；建立革命政权等行动计划。会议并改组了南方局和广东省委，由张太雷、周恩来、恽代英、黄平、杨殷、彭湃组成南方局，张太雷为书记。南方局下设的军事委员会由周恩来、张太雷、黄平、赵自选、黄锦辉、杨殷组成。广东省委由36人组成，杨殷为省委常委兼工委书记。

10月12日，中共中央给南方局和广东省委发出指示，要求在"全省发展暴动外，应特别注意海南岛之继续占领，并要立即派一人前往侦察其是否可以成为广东暴动的一根据地"，强调要将调查结果报告中央。根据中共中央的指示，广东省委派常委杨殷和徐成章到琼崖指导工作。11月，中共琼崖特委在乐会县（今属琼海）召开第一次扩大会议。杨殷在会上传达了中共中央南方局和省委关于继续举行武装暴动和开展土地革命的指示。这次会议改选了琼崖特委，将琼崖"讨逆革命军"改编为工农革命军，特委委员冯白驹为总司令，王文明为党代表。杨殷还参与指导了琼崖地区的各项工作，使该地区的武装斗争得到较大发展，也加速了琼崖革命根据地的建立。

二、参与领导广州起义

在广东各地农村举行武装起义的同时，中共广东组织也领导城市斗争，以促使城乡的斗争互相支持、互相配合，更有力地打击国民党反动派。根据中共八七会议精神，1927年8月下旬，中共广东省委会议开始策划在广州举行武装起义。9月间，中共中央对广东省委拟定的"暴动计划均大致同意"。9月12日，中共广东省委在香港再次召开会议，"决定广州工作大纲并派黄平赴省指挥工运"，"杨殷去省指导暴动预备工作"。

会后，杨殷根据省委的分工，到澳门设立南方局军事委员会和肃反委员会工作机关，同时着手广州起义的准备。他派员到全省各地联络同志，建立和健全秘密地下机关交通站和情报网。为加强特工情报工作，中共广东省委派曾

中共中央八七会议旧址（湖北汉口）

留学法国和苏联的黄平民协助杨殷专门负责情报工作。他在广州海味街租了一幢两层楼的小洋房作为南方局和广东省委在广州地区的中心情报站，安排黄平民负责，并派女交通员李少棠和李的三妹及儿子组成一个教会色彩的家庭以掩护工作（该站直至广州起义失败后才被撤销）。为筹集起义经费，他把广州文德路的房产和亡妻李庆梅的大珍珠以及老家的田产变卖折现，还向侄儿杨高（香港富商）借了数万元现款。为解决工人赤卫队的武器装备，杨殷指示何全、黄平民、李少棠等物色人员制造和运送土炸弹。他还组织铁路工人运输军火，命人从香港、澳门带回一些手枪。至起义前，杨殷已筹备了长短枪50多支，炸弹200多枚。石井兵工厂和金属业总工会工人也赶制了1000多杆标枪和200多把大刀等。四一五后，梁桂华被捕入狱，受尽酷刑，被打断几根肋骨。杨殷将其营救出狱后安排在澳门疗伤。当得知正在准备广州起义时，梁桂华要求承担任务。杨殷考虑到他尚未康复，就让他在小北直街大安米店看守武器弹药仓库。

杨殷还指示在韶关、中山、南海等地隐蔽的李连、李甫、刘少溪、李全等迅速回广州组建铁路工人赤卫队；派南方局肃反委员会联络员曾伟赞潜回广州，在黄沙将军庙后街仁和里7号木屐店建立秘密联络机关，联络失业工人。这批工人骨干串连很快就将分散、隐蔽的原工人纠察队员集结起来，还吸收了一批新队员，使工人赤卫队迅速扩展。在杨殷、周文雍等的组织领导下，至广州起义爆发时，广州已有工人赤卫队7个联队，3000多人。与此同时，杨殷还注意发动农村力量，布置珠三角各县以及广州近郊农村组织农军配合广州起义。如派黄寿组织广三铁路工人和附近农民建立武装联队；派梁复燃等回南海集结武装人员建立农民赤卫队；布置中山县委书记李华炤组织农军，后因起义行动提前，中山的革命力量来不及配合。

1927年11月，国民党的粤系军阀和桂系军阀为了争夺广东的地盘和扩充势力范围，爆发了粤桂战争。中共广东省委根据中共中央的指示，利用粤桂军阀矛盾加剧、广州市内兵力空虚的有利时机，作出了广州起义的决策。11月17日，中共中央通过了《广东工作计划决议案》，正式决定举行广州起义。同月23日，中共广东省委依照中央指示，准备举行广州起义，张太雷、叶挺、恽代英、叶剑英、杨殷、周文雍、聂荣臻等都参加了起义的领导。为了便于领导起义，11月下旬，广东省委由香港迁回广州，11月26日，省委常委在广州召开了扩大会议，作出在广州举行武装起义的决定。随即确定成立指挥起义的革命军事委员会，张太雷为书记，黄平、周文雍为委员。接着，又任命叶挺为起义军事总指挥，叶剑英为副总指挥。28日，广东省委根据广州的武装起义时机成熟的实际情况，作出以教导团和工人赤卫队为骨干，在广州发动武装起义的决定，并正式成立了广州起义总指挥部——革命军事委员会，由张太雷

广州起义中的工人赤卫队

任总指挥。杨殷负责参谋团工作，协同叶挺负责军事指挥。

12月6日，杨殷奉命赶回广州后，即尽最大努力克服广州起义在军事计划方面的某些不足和时间仓促所产生的困难，竭尽所能解决人力物力以及掌握敌情动态等问题。他指示打入广州卫戍司令部谍报科的郑全、广州市公安局的课长容汉辉、"特别侦缉"黎胜以及广州市公安局局长朱晖日的司机等，加紧收集敌、特情报，密切注意敌人的动向并准备做好起义时的内应。当他得知负责军事指挥的叶挺还没被安排回穗时，就主动协助起义行动计划制订的有关事宜。为安全起见，杨殷选择了陈少泉在广州永汉路的杂货铺二楼作为参谋团的活动点。

与此同时，杨殷参与了广州苏维埃政权的筹建工作。12月7日，张太雷在广州主持召开了秘密的工农兵代表会议。会议根据中共中央的指示精神，选举产生了苏维埃执行委员会，作为广州苏维埃政府最高权力机关；正式决定12月12日举行广州起义。张太雷、杨殷、周文雍在会上作了起义的动员和部署。

正当起义准备工作紧张进行之际，党组织设在小北大安米店的武器转运站被敌人发觉。幸好梁桂华机警逃出来向起义总指挥部报告。教导团中有人对起义的准备也有所察觉，密告给黄琪翔。汪精卫在沪闻风，即于12月9日三次驰电敦促张发奎等立即捕杀共产党员和搜查苏联驻穗领事馆等。10日，广州市公安局局长朱晖日宣布广州实施特别戒严。

在这危急关头，中共广东省委立刻召开革命军事委员会紧急会议，决定将起义时间提前至12月11日凌晨3时半举行，急召叶挺回穗担任起义军事总指挥。会议结束后，各人即分头通知各队伍提前行动。

12月10日清晨，杨殷赶到黄沙阶砖巷秘密联络处主持召开工人赤卫队西路军骨干紧急会议，传达了革命军事委员会的绝密指令后，即与周文雍驱车到广九站接叶挺。路上，杨殷向叶挺介绍了起义的准备情况。叶挺一下车就马上向综合整理起义计划草案的徐光英了解详情。傍晚，杨殷、叶挺等在禹山市场杂货铺二楼召开参谋团会议。杨殷作了起义动员和通报了敌情及敌军布防等情况。叶挺作了起义部署，给教导团、警卫团、工人赤卫队、农军一一下达了战斗任务，宣布11日凌晨3时半发动起义；并规定11日晨的普通口令为"暴动"，特别口令为"夺取政权"，11日晚的分别是"赤化""土地革命"，12日的分别是"肃清""巩固广州"；起义时，起义人员脖子上一律系红领带为标志。军事布置完毕，杨殷提议：除了打硬仗外，我们来个政治攻势，把所有的共青团、劳动童子团、青年学生动员起来，仗一打起来，即在全市各地高唱《国际歌》和革命歌曲，让敌人陷入四面楚歌之中！众人齐声叫好。

1927年12月11日凌晨3时半，在广东省委书记张太雷和叶挺、黄平（革命军事委员会成员，后于1932年12月在天津被捕叛变）、周文雍、叶剑英、杨殷等领导下，国民革命军第

广州起义标志红领带

四军军官教导团全部、警卫团一部、黄埔军校特务营、广州
工人赤卫队和南海、花县农民武装共6000多人，举行武装起
义。西路起义军指挥杨殷亲自率领工人赤卫队战斗。经过几
个小时的激战，起义军占领了广州珠江北岸的大部分地区。

当天上午，在原广州公安局二楼召开的广州苏维埃政府
和工农兵执委代表第一次联席会议上，起义总指挥张太雷庄
严宣布：广州苏维埃政府成立！

广州苏维埃政府委员名单

主席苏兆征（未到任以前由张太雷代理）

人民内务委员黄平

人民肃清反革命委员杨殷

人民土地委员彭湃（因在海丰未到任，由赵自选代理）

广东省会公安局，即广州公安局。广州苏维埃政府和工农兵执委代表第一次联席会议在此处二楼召开。

人民劳动委员周文雍

人民外交委员黄平

人民司法委员陈郁

人民经济委员何来

人民海陆军委员张太雷

秘书长恽代英

工农红军总司令叶挺

工农红军总参谋徐光英

苏维埃政府在成立后提出了"打倒帝国主义""打倒军阀""镇压地主豪绅"的政治纲领和一系列法规法令。随即，在杨殷的指挥下，一批在四一五反革命政变中残杀革命者的督察、侦缉、警官被抓获关进监仓，并当场镇压了一个双手沾满革命者鲜血的警官；将沾满共产党员和工农革命分子鲜血的国民党反动头子沈藻修等押到街上，当众宣判处以死刑并没收财产。市郊聚龙村的农军就地镇压了一批反革命分子，南海大沥的军队也杀了一批大恶霸。

广州起义震惊了中外反动派。英、美、日、法等帝国主义出动兵舰袭击广州市区，国民党粤系军阀张发奎从江门、肇庆、韶关等地调集军队向起义军进攻。12月12日中午，张太雷、杨殷等到丰宁路西瓜园参加广州市民举行的拥护苏维埃群众大会。此时，敌人已从四面八方涌向市区，大会不得不提前结束。张太雷在返回总指挥部途中牺牲。于是，杨殷

《晨报》报道广州起义的消息

临危受命，勇敢地接过广州苏维埃代主席的重担，继续指挥战斗！

面对中外反动派的联合进攻，起义军虽经浴血奋战，但因敌我力量悬殊，被迫于13日撤离广州市区，起义终于失败。

广州起义虽然失败了，但它具有伟大的意义：广州起义是对党的武装反抗国民党反动派的总方针的一次重大实践，是武装的革命向武装的反革命进行的英勇反击。广州起义是中国共产党领导革命人民实行武装夺取政权的一次伟大尝试。广州起义同南昌起义、秋收起义一起开创了中国革命历史的新时期。

三、转战海陆丰

广州起义部队撤离广州后，杨殷继续留在广州，选择了未暴露的陈李济药厂作为临时指挥所，迅速安排公开露面的骨干转入地下，组织党员干部和革命群众撤退，以保存革命力量。但是，敌人重新占领广州后，开始反革命大屠杀，实行白色恐怖，不到十天时间就杀害军民5700多人。由于政治环境愈加险恶，为了从长计议，杨殷带着10多名赤卫队员由沙河方向撤往广州郊外，追寻东去的起义部队。

撤出广州市区的广州起义武装，分别向东江、北江方向转移。往东方向的起义武装，在花县整编为工农革命军第四

广州陈李济药厂

师（简称"红四师"），叶镛任师长，袁裕（袁国平）任党代表。随即转战奔赴海陆丰，与南昌起义部队余部和当地农民武装会合，参加了创建海陆丰革命根据地的斗争。往北方向的起义武装，北撤到韶关，参加了朱德、陈毅率领的南昌起义部队余部，后来奔上井冈山，参加开辟井冈山革命根据地的斗争。

杨殷撤往广州郊外后，由于往东方向的起义部队已经远去，他便转赴香港，又担负起新的使命。1928年1月1日至5日，新任中共广东省委书记李立三在香港主持召开了省委全体会议，对广州起义做了总结，同时又决定执行"政治纪律"，决定撤销周文雍、杨殷、黄平、陈郁、恽代英、吴毅等的省委委员职务，并对上述人员和叶挺、徐光英等分别给予留党察看3至6个月或调做基层工作等处分。随后，中共中央派周恩来到香港，才纠正了广东省委对广州起义领导人的错误处分，妥善处理了广州起义的善后问题。中共中央对杨殷的评价是："广州暴动的领导者之一"，"为人民委员之一，担任肃清反革命委员会主席，并亲身指挥赤卫队与顽强的敌人作战，直战至暴动第二天，尽了最后的努力"。

正当中共广东省委召开全会期间，恰逢中共东江特委也于1928年1月3日至5日在海丰红场召开东江农民代表大会。杨殷受广东省委的派遣，于4日抵达海丰参加了这次大会，并在会上传达了省委的指示，要求各县举行暴动，建立苏维埃政权，发展革命武装，开展土地革命。在此期间，中共东

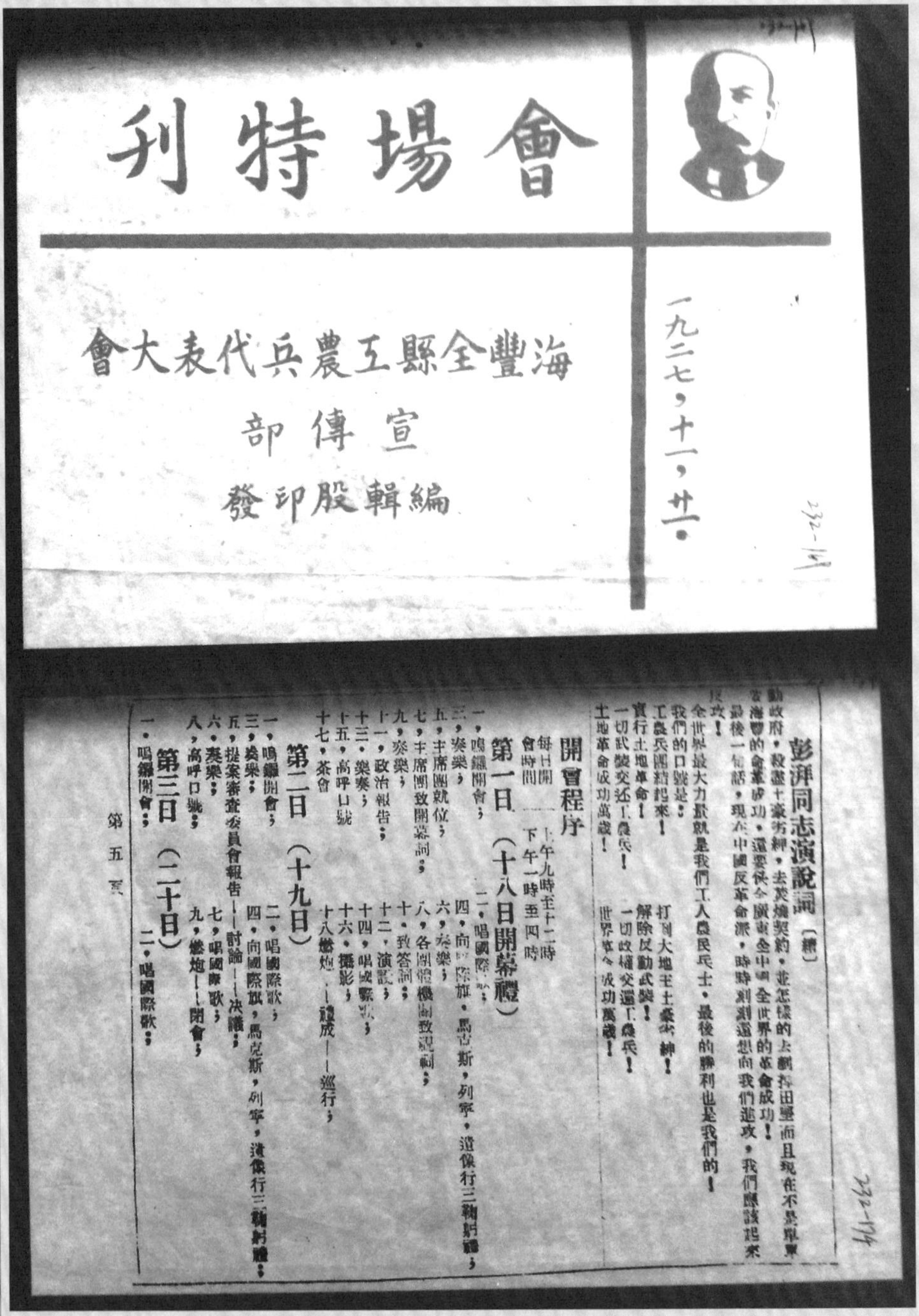

會場特刊

海豐全縣工農兵代表大會
宣傳部
編輯股印發

一九二七，十一，廿一

彭湃同志演說詞（續）

動政府，殺盡土豪劣紳，去焚燒契約，並怎樣的去剷除田塍而且現在不是單單在海豐的革命成功，還要使全廣東全中國全世界的革命成功！

最後一句話，現在中國反革命派，時時刻刻還想向我們進攻，我們應該起來反攻！

全世界最大力量就是我們工人農民兵士，最後的勝利也是我們的！

我們的口號是：

工農兵團結起來！　打倒大地主土豪劣紳！

實行土地革命！　解除反動武裝！

一切武裝交还工農兵！　一切政權交還工農兵！

土地革命成功萬歲！　世界革命成功萬歲！

開會程序

每日開會時間——上午九時至十二時　下午一時至四時

第一日（十八日開幕禮）

一，鳴鑼開會；　二，唱國際歌；
三，奏樂；　四，向國際旗，馬克斯，列寧，遺像行三鞠躬禮；
五，主席團就位；　六，奏樂；
七，主席團致開幕詞；　八，各團體機關致祝詞；
九，奏樂；　十，致答詞；
十一，政治報告；　十二，演說；
十三，樂奏；　十四，唱國際歌；
十五，高呼口號　十六，攝影；
十七，茶會　十八燃炮——禮成——巡行；

第二日（十九日）

一，鳴鑼開會；　二，唱國際歌；
三，奏樂；　四，向國際旗，馬克斯，列寧，遺像行三鞠躬禮；
五，提案審查委員會報告——討論——決議；
六，奏樂；　七，唱國際歌；
八，高呼口號；　九，燃炮——閉會；

第三日（二十日）

一，鳴鑼開會；　二，唱國際歌；

第五頁

海丰县工农兵代表大会会场特刊

江特委和海丰县苏维埃政府还在红场举行了有数万人参加的欢迎工农革命军第四师大会。彭湃、杨殷等出席了大会并发表讲话，对起义部队表示热烈欢迎和亲切慰问。这给起义部队官兵以极大鼓舞。

在海丰期间，杨殷还向彭湃等传达了中共广东省委给东江特委的指示，必须即刻做好准备，以海丰为基础，制定东江暴动行动计划，进一步对东江实行工农武装割据，扩大革命根据地。他还向彭湃提醒注意，在镇压反革命过程中，要避免损害民众的利益，要防止斗争扩大化。

海陆丰苏维埃政权建立后，国民党海陆丰保安队、民团的残余势力不甘失败，利用当地乌红旗帮派残余观念，煽动群众，蛊惑人心，宣称他们是乌旗（以白布为旗帜，又称白旗队），共产党是红旗，鼓动群众起来反对红旗。于是，在红四师抵达海丰前夕，白旗队纠合700余人攻入陆丰县城，屠杀干部、群众20余人。1928年1月8日，彭湃、杨殷与叶镛和徐向前等率红四师一部与农军开赴陆丰，镇压白旗队叛乱。当时的海陆丰地区民风未开，百姓中封建迷信色彩很浓厚。白旗队中有数十个仙衣长发的白莲教徒以为自己真的刀枪不入，不佩刀枪，念着咒语闯入阵地，企图用魔法驱赶红军战士。正在战斗的红军战士骤见其古怪样貌，一下被镇住了。杨殷即时识破，便对战士们说，这帮家伙其实是人扮的，只是穿起这身衣服在装神弄鬼吓唬人罢了。果然，战士们枪声一响，长发党徒应声倒下。红四师乘胜追击，消灭了

陆丰县苏维埃政府旧址

这支反动宗教武装，为民除了一大害，博得了广大人民群众的高度称赞！

白旗队叛乱平息后，杨殷与红四师第十团一起留守海丰。他发现由于战斗频繁，红军伤亡很大，却忽略了扩军的问题，就与团中央特派员陆定一交换意见，组织了1000多名十六七岁的团员和青年参加红军，并征得红二师政委颜昌颐的同意，派红军干部到少先队工作，逐渐把少先队编入红军。他还常深入沿海各地了解情况，关心贫民大众的疾苦，待人和蔼亲切，给当地干部群众留下了深刻的印象。

杨殷大力协助中共东江特委和红二师、红四师的工作，促使工农革命武装的不断壮大和武装斗争的开展，也使红色区域日益扩大。至1928年2月底，海丰、陆丰、紫金、惠阳、惠来、普宁等县的苏维埃区域已连成一线，苏区人口达100多万人，形成了一块颇具规模的农村革命根据地。

海陆丰革命根据地的建立和发展，使国民党广东当局十分恐惧。于是，国民党当局调集重兵"进剿"海陆丰革命根据地和镇压东江地区的农民武装起义。从1928年2月中旬起，国民党第四、第五、第七、第十三军各一部共7000多人，会同海陆丰保安队和地方反动民团，分兵四路向海陆丰进犯。杨殷随同红二师、红四师和当地工农武装对敌人进行顽强的反击。但因寡不敌众，海丰、陆丰县城终告失守，海陆丰革命根据地遂告失败。

1928年3月初，杨殷奉广东省委之命返回香港。他抵港后，一方面负责建立和健全省港与中共中央的情报交通工作联系，另一方面设法营救中共广东省委书记邓中夏和省委委员罗登贤等人。邓中夏、罗登贤等在2月底一次省委会议时遭到港英当局的逮捕。于是，周恩来亲自前来香港，指令杨殷等立即组织营救。经过周恩来、杨殷等的多方周旋，加上港英当局拿不出确凿"罪证"，邓中夏、罗登贤终于被提前释放了。

同年4月13日，中共广东省委扩大会议在香港召开。会议对省委进行了改组，杨殷当选省委委员。与此同时，省委还选举产生了中国共产党第六次全国代表大会正式代表。杨殷当选为中共六大的正式代表。随即，杨殷奉命赴上海向中央汇报广东的工作，之后留在中央工作。从此，他离开了战斗了近二十年的南粤，肩负起更加重要的使命。

第四章

肩负使命　坚持斗争

一、参加中共六大

1928年4月底，杨殷奉命抵达上海。这时适逢中共中央正在加紧准备召开党的第六次全国代表大会的各项工作。于是，周恩来、苏兆征等便安排杨殷参加筹备事宜，由他协助安置各地到沪的中共六大代表，包括住宿饮食和旅途行程规划等具体事务。

为什么要召开中共六大？这是因为大革命失败后，中国革命进入共产党独立领导的新时期，在如何认识这时的社会性质，以及革命的性质、对象、动力、前途等关系革命成败的重大问题上，党内存在着认识上的分歧和争论。这就迫切需要召开一次党的全国代表大会认真加以解决。1928年1月18日召开的中央临时政治局会议决定，中共六大于1928年3月底召开。但由于此时白色恐怖笼罩，在国内很难找到一个能够保证安全的地方开会，故中共六大的地点迟迟未能确定。当得知赤色职工国际第四次代表大会和共产国际第六次代表大会、少共国际第五次代表大会将分别于春、夏在莫斯科召开时，考虑到中国共产党都将派代表出席这几次大会，且中共中央也迫切希望能够得到共产国际的及时指导，遂决定中共六大在莫斯科举行，即向共产国际作了报告。同年3月，共产国际来电同意中共六大在苏联境内召开。

由1928年4月下旬至5月，参加中共六大的100多名代表分批秘密前往莫斯科。当时在共产国际指导下，中共产生了一种错误倾向：自八七会议后，与机会主义作斗争被看成简单的人事撤换。这种形式主义影响到后来领导机关的工人化，把工人干部当作偶像，所以中共六大的代表中，工人代表要占多数。84名正式代表中，其中工人代表占49%，农民代表占7%，知识分子代表占43%。从事工人运动的杨殷被划入工人代表之列。从1928年4月开始，南方各省的代表便在上海集中，学习普通话，再陆续前往莫斯科。

杨殷与黄平带着几名香港海员代表从上海出发，先由上海乘坐日本船到大连。杨殷穿着西服，拎着一个手提藤制箱子，打扮成商人模样，与黄平等同乘一船，但是彼此装作不认识。他们坐的是统舱。船快到大连时，日本警察盘问杨殷。杨殷自称是做药材的生意人，并主动打开手提藤箱，拿出一些药丸样品给他们看。日本警察看没什么可挑剔的就不再追问了。杨殷上岸后，确定没有盯梢，就立即在大连转乘火车到哈尔滨，顺利地接上了关系后，获知了如何从满洲里过境的办法。杨殷在哈尔滨逗留两三天后，和黄平等一起乘火车到达满洲里，出了车站，按着所告知的车牌号，找到了停在车站附近的一辆由俄国人驾驶的马车，对上了接头暗号，坐上马车，由俄国车夫领着进入了苏联境内，再转乘火车到赤塔，在赤塔停留了几天，通过了苏联有关部门的检查，才又乘火车到达莫斯科。

中共六大的召开，经过了将近一年的酝酿和筹备。出席大会的代表共142人，其中正式代表84人，代表全国9万多名党员。广东代表团人数最多，共19人，正式代表有杨殷、苏兆征、李立三、阮啸仙、王灼、黎国忠（黎国琼）、甘卓棠、周秀珠（女）、江慧芳（江惠芳，女）、曹更生（曹俊升）、袁炳辉、梁亿才、邝璧清、成文；非正式代表有王备、黄平、叶发青、彭公祖、唐球；加上于1927年10月奉派到苏联莫斯科东方大学学习的饶卫华（即饶君强），他虽然没有列入广东代表团的名单，但作为列席代表参加了中共六大。所以，广东代表共计20人。

6月7日，周恩来、瞿秋白、苏兆征召集已到莫斯科的近60名中共六大代表开谈话会，讨论了政治、组织、职工、农运等决议草案的起草问题，以及成立秘书处及各工作委员会的问题。杨殷参加了这次讨论会。会议确定大会秘书处和各个委员会在6月12日前后成立并开始工作。6月17日下午，由周恩来主持召开的各省代表团书记联席会议，初步通过了大会主席团和正、副秘书长名单。杨殷被列为大会主席团成员候选名单。

为了保密起见，除了共产国际代表外，所有出席中共六

保存在中央档案馆的中共六大名单

大的代表，不论正式代表、指定代表还是旁听代表，凡是到会议报到处报到的，一律用代号相称。出席中共六大的142名代表无一例外，就连大会的记录，也要用代号。因此，在预备会议上，大会筹备处就发出通知：参加会议的代表和工作人员均用已编定的号码，不用真实姓名。杨殷的编号是3号。

1928年6月18日至7月11日，中国共产党第六次全国代表大会在苏联莫斯科州纳罗法明斯克地区五一村帕尔科瓦亚大街秘密召开。五一村，原名旧尼科利斯基村，是俄罗斯沙皇时代大贵族穆辛·普希金的庄园，又称"银色别墅"。

18日下午，中共第六次全国代表大会开幕。大会首先对在中国革命中死难的烈士表示哀悼！接着，大会通过了主席团、秘书长、副秘书长和代表资格审查委员会名单。杨殷为大会主席团委员、代表资格审查委员会委员。同日，大会主席团会议讨论了各种组织工作问题，还成立了政治委员会（附苏维埃委员会）、组织委员会（附章程委员会）、职工运动委员会、农民土地问题委员会、军事委员会、青年委员会、妇女运动委员会、宣传委员会、财政审查委员会召开了各代表团书记联席会议。杨殷参加了政治、组织、职工运动、农民土地问题、军事和妇女运动六个委员会。此外，在大会主席团的第五次和第七次会议上还成立了湖南、湖北、南昌暴动问题和广州暴动问题四个委员会，杨殷分别参加了湖北和广州暴动问题两个委员会，其中在7月8日，他担任湖

位于莫斯科南郊的中共六大会址

北委员会主席。

召开中共六大主要目的，是为了系统地总结第一次国内革命的经验教训，批判右倾投降主义和"左"倾盲动主义的错误，明确中国政治形势和中国革命的性质和任务。大会的中心任务是：总结大革命失败以来的经验教训，分析中国社会性质和革命性质，制定党在新时期的路线、方针和政策，统一全党思想，发展革命力量。会上，瞿秋白代表第五届中央委员会作政治报告，周恩来作了组织报告和军事报告，李立三作了农民问题报告，向忠发作了职工运动报告，共产国际代表布哈林作了《中国革命与中国共产党的任务》的报告。

7月3日，周恩来向大会作军事报告。刘伯承与尹学先（阮啸仙）分别作副报告。大会专门成立了由周恩来为召集人，包括杨殷、李立三、邓中夏、张国焘、王若飞、项英、向忠发、黄平、关向应、刘伯承、刘伯坚等33人的军事委员会。军事委员会讨论制定了《军事工作决议案（草案）》，明确全党军事工作的任务是"在军阀军队中的工作""党员军事化""工人群众的军事组织和准备""工农群众游击运动的准备""建立红军问题"等；对"党的军事组织"作出明确规定："中国共产党的一切军事工作都应集中于中国共产党中央军事部。各地应设立军事委员会，受地方党部之一般指导而工作，但于军事技术方面，则受中央军事部之指挥。中央军事部和各地军事委员会均依据中国共产党中央所规定之计划

中共第六次全国
代表大会文件
（一九二八年七月印）

（一）政治决议案
一、中口与世界革命

一、世界革命之发展
（甲）武装十月革命时为世界革命发展之第一
期

最近十年之间，世界革命可以分为三個三段的此
度，第一此段，前治于欧戌——帝口主义大战的結束
发生了十月革命，帝口先進此類似敗别勝利，世界
革命之第一此咸此從此開始，期間西欧帝口此亦敗
的革命先机（德口，意大利，奥口，匈牙利等）。
（乙）西欧资口国至社会民主党的背敗革命与

中共六大的文献

书而工作。"决议草案虽未经大会讨论却被新一届中央颁布全党实行。实践证明，中共六大关于军事工作和中央军事部任务与组织的规定基本是正确的。

杨殷还参与了关于政治、组织、苏维埃政权、农民、土地、职工、宣传、民族、妇女、青年团等问题决议的讨论和表决。通过听取报告，讨论分析，尤其是对大革命失败后中国的政治经济形势的分析和争论，杨殷基本消除了自大革命失败后所面临的困扰，明确了中国革命的发展方向。

大会根据主席团和各省代表团的提名，选出中央委员23人，候补中央委员13人，组成第六届中央委员会；选出3名委员、2名候补委员，组成中央审查委员会。杨殷当选为中央委员。7月11日，中国共产党第六次全国代表大会闭幕。紧接着7月19日，中国共产党第六届中央委员会第一次全体会议在莫斯科克里姆林宫召开。会议决定：中央政治局由14人组成，其中委员7人、候补委员7人；中央政治局常务委员会由8人组成，其中委员5人、候补委员3人。杨殷当选为中央政治局候补委员、中央政治局常务委员会候补委员。20日，中央政治局在莫斯科举行第一次会议。会议确定了中央政治局各委员的分工，以及中央工作机构的设置及其领导成员。杨殷任中央军事部部长。会议还决定杨殷等人准备第一批回国。

中共六大是在特定历史时期和历史条件下召开的具有重大历史意义的会议。会议认真总结了大革命失败以来的经验教训，对一系列有关中国革命的、存在严重争论的根本问题，作出了基本正确的回答。大会集中解决了当时困扰党的两大问题：中国社会性质和革命性质问题以及革命形势和党的任务问题，基本上统一了全党思想，对克服党内存在的"左"倾情绪，摆脱被动局面，实现工作的转变，对中国革命的复兴和发展起了积极的作用。

二、坚持地下工作

中共六大结束后，根据中共中央的安排，杨殷于1928年9月回到上海，留在中央机关工作。他深深懂得，自己是从地方工作走上了中央领导岗位的，因此，要在工作中认真学习，在斗争中锻炼成长，尽快适应新的工作岗位，才能担负得起领导军事斗争的重担，更好地配合周恩来等中央领导人的工作。

早在1924年9月，周恩来从法国回到广州时，两人同在中共广东区委工作，杨殷时任区委监察委员。次年8月，国民党左派领袖廖仲恺遇刺案的发生，使亲自处理此案的周恩来、杨殷等意识到情报保卫工作的重要性。因此，中共广东区委很快就作出了建立内部保卫机构的决定，杨殷是该项工作的主要负责人。他早年受组织委派赴苏联学习时，曾接受从事秘密革命工作所必须具备的专业技能训练，回国后曾参与了中共三大、国民党二大及省港大罢工等的保卫工作。

1925年11月，共产国际在广东举办特工训练班，学员有20多人。12月，中共广东区委根据中央军事部关于军事部划分为组织和情报两部门的规定，决定由杨殷和傅烈负责情报工作。

杨殷在担任广东区委委员、南方局委员以及广东省委领导时，负责肃反及情报工作。其间，他着手建立了中共广东特工情报网，培养了梁桂华、欧阳峰、郑全、李少棠、黎胜、李玲、苏南、杨广、黎炎孟等一大批交通情报员。1925年，杨殷负责香港方面工作时，发展女工李少棠为地下交通员。杨殷利用了港英当局不检查教会学校的信箱，将李少棠姐姐开办的教会学校的信箱作为安全通讯站，使中央及广东地方党组织的文件都通过此信箱传递，从未发生意外。杨殷还在粤、港、澳及铁路沿线、港口码头建立了一批情报站和交通联络站。如在广州市的交通联络站有：麦栏街、海味街4号、榨粉街、曾伟家、高第街和文德北路荣庐等。麦栏街联络站聚集的人最多，邓中夏、黄平民、陈志远等都在这里活动。而文德路开设的荣庐俱乐部，则专门接待政要和社会名流，从中搜集情报。

八七会议后，中共中央决定成立南方局，时杨殷负责南方局的军事委员会和肃反委员会的工作。他将机关设在澳门，并着手建立工作网和设立秘密联络点，翠亨杨族祖祠兼善祠堂曾是活动地点之一。杨殷妻子李庆梅的陪嫁婢女被杨殷收作义妹，出嫁后在广州小北路开了家柴米店，也担负了

杨族祖祠兼善祠堂。曾是杨殷负责南方局军事和肃反工作时设立的联络站。

替杨殷做交通情报的工作。广州起义前夕，杨殷等的武器就是收藏在此。杨殷有个住在香港油麻地的妹妹，妹夫张克德是个基督教徒，在香港海关当职员，又是港英政府卫士队的人。杨殷与他关系很好，于是这个家也一度成为中共组织的机关。张太雷在香港时就住在此宅，李少棠带文件进出海关也常找他帮忙。杨殷的女儿杨爱兰也经常携带情报往来于港澳。杨殷还经常亲自搜集或传递情报，他常化装成不同身份的人，到各地指导情报工作。杨殷为革命不停地奔忙，时时会遇到危险，但他屡临险境均能化险为夷，靠的是他机警应变，更赖于广大老百姓和交通情报员的支持和掩护。工友们非常爱护他，为保证其安全，工人还特地为他制作了一个带夹层的箱子，以便携带秘密文件和武器。这个夹层箱子在新中国成立后，由其家人捐赠给了中国革命历史博物馆永久收藏。

杨殷用过的漆皮箱

杨殷在上海工作期间，正是上海正被白色恐怖笼罩之时，党的一切活动均被迫转入地下。近代以来，一拨又一拨的香山人到上海或做工或经商或从事洋务，虹口、闸北、静安一带的老上海，中山籍的为数不少。杨殷利用在上海的中山乡亲这个关系网，设立了一批秘密联络点，如在上海老靶子路五洲大药店、泰安旅社等，沟通了与各地的联系。当时李少棠被杨殷安排负责香港交通总站，这时机关很穷，付房租、跑交通、接济从上海或各地来联系的同志，不仅用光了其做车衣女工时攒下来的积蓄，还把手表每月拿去典当，才勉强能维持。同时，三个人只有两套外出服装，谁出街就谁穿。1928年秋，黄平民（省港大罢工时与杨殷一起从事情报工作）调任中共南路特委书记，军事部欲在广州湾设立机关。是年底，杨殷交代李少棠送一笔款给驻广州湾机关。可就在李少棠到达前不久，由于叛徒出卖，中共南路特委领导成员接二连三被捕，黄平民等人于1928年12月23日在高州城东门外被杀害。李少棠即向杨殷汇报了黄平民牺牲的经过。杨殷沉痛地说：平民是一位好同志。这次南路的18位干部牺牲对于我们来说，是一个很大的损失。但烈士的血不能白流，我们要继承他们的遗志，勇敢地斗争下去。

杨殷就任中共中央军事部部长后，仍十分重视宣传教育和职工运动等方面的工作。在上海工作期间，他与中共江苏省委军委委员颜昌颐、中共江苏省委士兵运动负责人邢士贞等商议，在上海秘密组织工人地下武装，伺机打击反革命分子、叛徒；和恽代英等组织党员、干部学习党的六大精神等；配合中共第六届中央委员、中央政治局候补委员、中华全国总工会委员长罗登贤做好指导上海工人运动的工作。1929年五一劳动节，与上海市中共沪西区委书记李硕勋等一起发动沪西区工人与各界人民示威。在五卅惨案四周年之际，杨殷参与了罗登贤、李富春等发动的上海人民反对帝国主义的示威活动。但对当时在白色恐怖下的上海，中央主要领导亲自参加这种活动以及飞行集会等的做法，杨殷是持不同意见的。他认为在革命低潮时期，这种过激的行为很容易暴露，甚至招致不必要的损失。他虽向组织提出自己的看法，但作为一个党性很强的党员，一经组织决定，就必须执行。据谭天度回忆：李立三叫杨殷去搞飞行集会，杨本不同意，但只好服从组织决定。有时杨殷当面顶撞李立三，说这样搞飞行集会，对党的事业没有好处。李立三却坚持认为当前形势需要这样做。杨殷也与周恩来谈及自己的看法。周恩来也不赞成不顾一切的蛮干行为。他在1929年6月4日召开的中共中央政治局会议上就曾明确指出：斗争前途的开展是走向革命的高潮，但斗争是一步步开展，一步步走到革命的高潮，而不能怀过高的幻想。

中共中央军事部组织系统表

（1928年10月后）

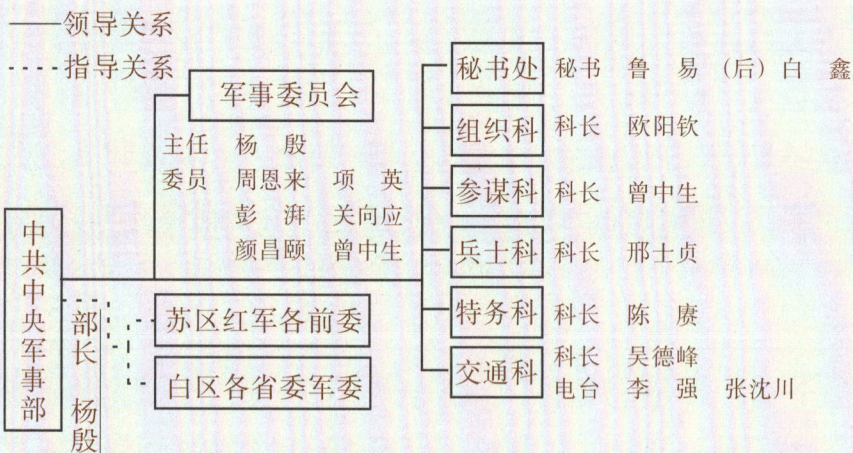

——领导关系
- - - - 指导关系

秘书处	秘书	鲁 易 （后）白 鑫
组织科	科长	欧阳钦
参谋科	科长	曾中生
兵士科	科长	邢士贞
特务科	科长	陈 赓
交通科	科长 电台	吴德峰 李 强　张沈川

军事委员会

主任　杨 殷
委员　周恩来　项 英
　　　彭 湃　关向应
　　　颜昌颐　曾中生

中共中央军事部

部长　杨殷

苏区红军各前委

白区各省委军委

三、领导武装斗争

中共六大后，杨殷从地方转到中央工作，从领导工人运动转为主要领导军事斗争。由于工作岗位和工作环境的转变，对此杨殷感受到很大压力，但却以广府人那种"顶硬上"的气魄，勇敢地挑起了党交给的重担，并坚决完成任务。

六大结束后，负责军事的中共中央政治局常委周恩来尚在苏联未回国。杨殷一如既往，以虚心学习和兼听则明的方法弥补不足。他作风稳健，善于学习，深入调研，严格按照中共六大军事报告中所强调的"所谓集中指导，非集中到个人而是集体指导"去开展工作。他向中央提出并得到同意，在军事部下面设立一个包括工委书记、农委书记、团中央代表以及军事专家等组成的军事委员会。该军事委员会每两周召开一次会议，由军事部部长杨殷负责召集，专门讨论和研究军事工作，为军事部机关出谋划策，实行集体领导，集思广益，以提高决策水平。同年11月上旬，周恩来从苏联回到上海，负责中共中央的主要领导工作。周恩来是杨殷的老领导，在广东工作期间，杨殷就很佩服周恩来的为人和才干，而今能有机会向周恩来学习，觉得是一种幸福和幸运。

11月20日，中共中央政治局决定：政治局委员瞿秋白、苏兆征未回国前，增补罗登贤、杨殷为政治局委员；政治局常务委员苏兆征未回国前，增补杨殷为政治局常务委员。此后，由于原军事部军事委员会成员包括中共中央政治局常委周恩来（兼中央组织部部长）、苏兆征（兼中央工委书记）、杨殷以及政治局委员彭湃（中央农委书记）、关向应（团中央书记）等人，忙于中央政治局及各自主管的工作，军事工作出现了相对减弱的情况。为了加强对全党军事工作的决策和有利于中央各部门工作的协调，于1929年1月3日召开的中央政治局会议决定：在政治局下设立军事委员会，杨殷为主任。

杨殷刚刚受命主持中共中央军事工作时，党领导的革命游击战争正处在异常困难时期。八七会议后，由于"左"倾盲动主义错误的影响，加之国民党各派军阀集中力量对工农红军进行"清剿"，这对各地武装起义和创建农村革命根据地的斗争造成严重的危害。1928年春夏间，广东海陆丰苏维埃政权和工农红军、陕西渭华起义中组成的西北工农革命军、海南岛的工农革命军以及工农红军第四军在湘南先后遭到挫折。同年11月起，敌人策动对井冈山根据地第三次"会剿"的同时，加紧了对井冈山根据地的经济封锁，使红四军面临建军以来最严峻的考验。面对各地武装斗争严峻的形势，杨殷十分忧虑和焦急。为了尽快改变这种局面，一方面他更加努力学习军事知识，虚心地向周恩来学习，向懂军事的干部学习，从战争中学习战争。另一方面，他常常深入山东、安徽、江苏等地开展调查研究，从实践中不断总结经验教训，用以指导组织军事工作。

肩负使命　坚持斗争

　　1929年3月，随着蒋桂战争爆发，国民党各派新军阀之间又开始无休止的混战，不少"会剿"工农红军的反动军队纷纷被调往军阀内战战场，后方空虚，这就给各地工农红军以较大的发展机会。中共中央军事部和中央军委作为全党的最高军事指导机关，在周恩来、杨殷的直接领导下，把握机会，认真贯彻执行中共六大总路线和军事工作决议，积极推动全党军事工作发展，指导各地创建红军，大力支持"朱毛红军"，宣扬推广"朱毛红军"经验，扎实开展兵士运动，为开创以农村包围城市的革命道路作出了积极贡献。

　　杨殷主持中央军事部和中央军委工作期间，主要做了以下几项工作：

　　第一，派员指导基层，推广红军经验。他通过派遣巡视员视察、来人面谈、书面报告、召开会议等多种形式，以了解各地红军发展状况，指导和推动各地的军事工作和武装斗争。如先后派贺昌以中央特派员身份，在湖南安源和广东北江指导武装的斗争；派曹壮父、廖划平、刘安恭、柳直荀等以中央巡视员身份，分赴鄂豫边、华北顺直、闽西、山东烟台等地视察军事和车运工作；派许继慎、周保中等在上海从事上层兵运、军运工作。中央军事部还大力推广"朱毛红军"建军与作战经验。中央指示红四军前委"你们更应该经常的设办红军随营学校或教导队专门训练红军干部人材……帮助全国红军。其他各地红军更可以派遣下级干部或兵士前来你处学习，以取得你们的斗争经验，以贡献各地红军"。

中央军事部还通过报刊与信函的方式向全党特别是各地红军宣传"朱毛红军"建军与作战经验。如1929年6月指示贺龙与湘西前委向"朱毛红军"学习，将"朱毛红军"几年战争所得的战术经验提供他们参考；7月给四川省委的信介绍了"朱毛红军"几年战争所得战术经验等。同月，中共中央机关报《红旗》刊登了《朱毛红军前敌委员会报告（六月一日自永定发)》，在编者按中特别提到：此报告可为各地红军同志之参考，尤其是叙游击战争的实施办法颇详。

第二，培养军事骨干，充实地方武装。从1929年6月起，中央军事部在上海爱文义路处陆续举办中央军事训练班，由周恩来、杨殷领导。从各地抽调红军与从事兵运的高中级干部70余人培训学习，周恩来、李立三、杨殷等亲自授课。训练班通过学习、总结和交流经验，提高了军事领导水平。中央军事部还从主力红军中选调优秀骨干送苏联红军学校深造。此外，广东省委军委根据中央军事部安排，在香港举办军事训练班，从上海、武汉、广东各地抽调工人干部学习军事知识，培养兵运和工人纠察队干部。中央军事部派往各地红军的高中级干部中有不少著名人士："朱毛红军"先后有罗瑞卿、刘安恭、张恨秋、郭化若、李任予、鲍刚、聂鹤亭、冯文彬等；红五军先后有王如痴、邓乾元、柯庆施、黄克诚、彭雪枫等；湘西贺龙部先后有黄鳌、董朗等；鄂西洪湖红军先后有王一鸣、王鹤、周容光、许光达、孙德清等；鄂豫皖红军先后有倪志亮、苏井观、徐向前、桂步蟾、李荣桂、刘英、王培吾、许继慎、曹大骏、熊受暄等；赣东北红军有周建屏等。杨殷还亲自与派往各地的干部谈话。据徐向前在《彭湃与四师》中回忆："我到了上海，跟交通接上了头，在指定的地点见到了杨殷，他身穿一件长袍，脚着一双布鞋，完全是一副商人打扮。他说鄂豫皖根据地缺干部，要我去。我到鄂豫皖根据地时，已是（1929年）5月底了。"

第三，开展兵运工作，壮大红军力量。杨殷根据中共六大军事决议的精神，把在军阀军队中的工作列为军事工作中的重要任务。1929年，中央军事部直接掌握发动了几次著名的国民党军兵变。6月29日，旷继勋在四川省委军委直接领导下率领川军第七混成旅在遂宁、蓬溪边境起义，成立"中国工农红军四川第一路"，辖两个师约5000人。起义军转战十余县，遭敌重兵围攻，起义失败，但扩大了党在四川人民中的政治影响。1928年秋，中央军事部指派张维琛、程子华、赵品三等到陕西军队岳维峻部成立秘密党支部，发展党员70余人，控制了11个连队。1929年初，该部缩编为新编一师，同年秋，移驻沙市、宜昌。为领导该部兵暴，中央军事部指派邓乾元、柯庆施等组成前敌委员会，邓乾元为书记。后该师被改编为独立十五旅移驻大冶、阳新。前委派人与程子华联系，在红五军五纵队策应下，12月14日，程子华等领导两个连起义成功，攻占了大冶城，党中央高度评价起义为模范兵暴。1929年6月，由党中央决策，军事部与组织部先后派出党的高中级干部数十人到广西开展兵运工作，后来爆

1927 年至 1930 年红军创建的主要革命根据地

革命根据地名称	主要领导人
中央革命根据地	毛泽东　朱　德
闽浙赣革命根据地	方志敏　邵式平
鄂豫皖革命根据地	吴光浩　潘忠汝　许继慎　徐向前
湘鄂西革命根据地	贺　龙　周逸群
湘赣、湘鄂赣革命根据地	彭德怀　滕代远　黄公略
广西左右江革命根据地	邓小平　张云逸　韦拔群
广东海陆丰革命根据地	彭　湃
琼崖革命根据地	冯白驹

发了百色起义和龙州起义。1928年12月，杨殷还派李光汉到天津找张兆丰接上组织关系，以进入驻唐山的国民党魏益三部队内部做士兵工作，后因介绍人暴露了李光汉是黄埔军校毕业生的身份，才转做工人运动工作。1928年底，杨石魂奉中共中央的指示，和妻子熊婉仙从香港乘船到上海，在五马路的乐群旅社与地下交通员李沛群一起迎来了1929年元旦。就在这个旅社里，杨殷、李立三、邓小平等都曾找杨石魂谈过话。杨殷找杨石魂谈话时，布置了其到武汉参与重建湖北省委的任务。同年2月19日，杨石魂与陈介陶、刘恢等抵达武汉着手重建中共湖北省委的工作。5月底，杨石魂在和曹壮父、叶开寅等研究工作时不幸被敌人逮捕，后英勇牺牲。

第四，加强城市工作，训练工人武装。杨殷等根据中共六大提出的党员军事化要求，把推行城乡党员军事化作为经常性重要工作来抓。中央军事部专门成立了工农武装科，负责对上海、香港、天津、唐山、武汉等地的党员军事化和工人纠察队训练工作，并直接抓上海党员军事化试点工作与组织训练工人纠察队；指定傅维钰、张际春分别任上海工人纠察队正、副总指挥，对工人纠察队进行政治、军事、组织的训练。1929年8月1日，中央与江苏省委组织发动了上海数千群众举行的长达4个多小时的"八一示威"运动，将之当成武装暴动与巷战的预习。

杨殷主持中共中央军事部工作仅一年，协助周恩来在军事方面做了大量卓有成效的工作，使各地工农红军和农村革命根据地不断扩展。以后成立的中国工农红军的三大主力——红一方面军、红二方面军和红四方面军，在这个时期都已初具雏形。

第五章

血洒龙华　精神永驻

血洒龙华　精神永驻

一、被捕与斗争

中共六大后至1929年秋，杨殷一直在中共中央机关工作，以中央政治局常委、中央军事部部长、中央军委主任的身份参与指导中国革命并主持军事工作和领导武装斗争。

在中共中央的领导下，全国革命形势逐步好转。1929年春，蒋桂战争爆发。中共中央和各地党组织充分利用军阀之间的矛盾，大力开展武装斗争，实行工农武装割据。毛泽东、朱德、陈毅等率领红四军主力离开井冈山根据地，转战赣南、闽西，广泛发动群众，进行游击战争，创建新的革命根据地，实行土地革命，逐步打开了局面。当年，红四军党代表、军委书记毛泽东曾填写了一首词《清平乐·蒋桂战争》描绘了当时的情景："风云突变，军阀重开战。洒向人间都是怨，一枕黄粱再现。　红旗跃过汀江，直下龙岩上杭。收拾金瓯一片，分田分地真忙。"

与此同时，红五军一部在湘赣边坚持游击战争，扩大了红色区域。洪湖鄂西地区的工农武装，运用游击战争的战略战术，取得了反"清剿"的胜利，使各小块根据地连成一片。中共组织在豫东南领导了武装起义，初步形成了豫东南根据地。其他地区也先后举行了工农武装起义，形成了大小不一的农村根据地。这些工农武装斗争的开展、各级党组织的恢复和建立、革命根据地的开辟、土地革命的进行，都是中共中央领导的结果，杨殷也在其中起了重要指导作用。

杨殷在中央主持军事工作期间，还与中央政治局委员、中央军委委员、中央农委书记兼江苏省委军委书记彭湃等深入基层，具体指导了中共江苏省委领导的水电工人、邮务工人、法界电车工人的罢工斗争；参与指导安徽省凤阳县火柴厂女工要求改善待遇的斗争；支持安徽宿县南宿州农民和江苏省宿迁县农民的抗租斗争；指导中共安徽烈山组织领导安徽烈山煤矿5000多名工人争取权益的斗争。在指导这些斗争的过程中，杨殷从实际出发，体察民情，关心群众利益，取得很好效果。

为了研究党的军事工作，推动各地武装斗争的发展，并研究彭湃调回中央工作后移交江苏省委军委的工作问题，周恩来、杨殷等商议决定召开一次中央军委会议。会议时间定于1929年8月24日下午，地点在上海沪西区新闸路六一三弄经远里12号一幢小楼的二楼。这里是中共江苏省委军委秘书白鑫的住家。当时主要考虑到白鑫刚来上海不久，其住所不易被敌人发现，便决定会议在这里召开。

白鑫，湖南常德人。在黄埔军校第四期学习时加入中国共产党，曾参加八一南昌起义。殊不料，他是一个品格堕落、意志薄弱的投机分子，在这次会议前，他已变节投敌，背叛革命。他到上海不久，便通过亲属关系主动联系了国民党上海市党部常务委员、淞沪警备司令部侦缉队队长兼情报处处长范争波，秘密投敌，并被范争波以金钱利诱，协同密谋逮捕共产党要员和革命志士，以此无耻邀功，给革命事业造成极大危害。

8月24日上午，当白鑫接到彭湃的通知——将于下午在他寓所召开军委会议后，他表面委托妻子做好会前准备，却借口胃病发作外出求医，实际上是去向范争波告密。范争波获得这一消息后，大喜过望，迅即派遣便衣密探在会场周围守候监视。

当天下午，杨殷、彭湃和中央军委委员颜昌颐、中央军委兵工运动负责人邢士贞、上海总工会纠察队副总指挥张际春陆续到达白鑫寓所开会。本来，周恩来也要参加这次会议的，恰因另有急务，故没有出席。会议由杨殷主持，摆上一张麻将台以伪装打麻将作掩护，白鑫为会议记录员。4时许，正当会议进行之际，杨殷等与会者突然遭到上海英租界工部局巡捕房巡捕和上海市公安局包探的秘密逮捕。事后，周恩来曾撰写了《彭杨颜邢四同志被敌人捕杀经过》，其中写到被捕时的情形：

一九二九年八月二十四日下午四时许。那时，帝国

彭湃

杨殷

颜昌颐

邢士贞

军委四烈士——彭湃（左上）、杨殷（右上）、颜昌颐（左下）、邢士贞（右下）。

血洒龙华　精神永驻

主义的武装巡捕与公安局的中国包探，驾着几辆红皮钢甲车，如临大敌地到沪西叛徒白鑫夫妇的住家。彼等于弄堂内外布置妥帖后，登楼捕人如象预知一样，按名拘捕共五人（除彭、杨、颜、邢外，还有张际春同志），而对白鑫夫妇则置诸不问。人捕齐后，于白鑫床下搜出一些革命刊物，如《布尔塞维克》《红旗》及共产党的中央通告等。被捕五同志当即为警探拥上汽车，直驶向新闸捕房。此事发生后，各报均禁止登载，因此广大的群众直不知其领袖有此被捕的事件。

杨殷等5人被捕的第二天（25日）是星期日，临时法院不办公，故未作审理。26日，法院开审时，由于叛徒白鑫已经在暗中指证，法官就按被捕当天准备好的照片资料逐个审问，随后判定由英租界巡捕房引渡到上海市公安局，5人被关押在看守所。当天《大美晚报》（前身为《大晚报》）等报道审问与引渡情形时，不准刊登真实姓名，害怕引起广大群众的愤怒和反抗，只透露是用铁甲车武装押解，气氛紧张，如临大敌。

杨殷等人于26日被引渡到上海市公安局后，28日清晨又被转押到上海龙华淞沪警备司令部。30日，杨殷和彭湃、颜昌颐、邢士贞4人就被蒋介石亲自下令秘密杀害了。杨殷等从被捕到遇害虽不到一周时间，但他们在狱中进行了英勇不屈的斗争。

羁押杨殷等人的上海龙华看守所

血洒龙华　精神永驻

据周恩来通过中央特别行动科（简称"中央特科"）地下工作者了解的情况是：

（一）自26日杨殷等5人被引渡到市公安局后，就开始向看守所的看守保安人员进行宣传工作，无情揭露国民党反动派投靠帝国主义，出卖民族利益，压迫穷苦百姓，屠杀革命者等罪行，使"许多保安队员为之感动"。在27日下午长达四五个小时的审讯中，由于叛徒白鑫早已指证，杨殷、彭湃都公开承认了自己的经历。在审讯中，杨殷慷慨激昂地表明自己加入同盟会，追随孙中山先生，参加推翻清朝政府，投身国民革命，完成孙先生的未竟事业，何罪之有？他义正词严地指出，蒋介石和国民党反动派公然背叛孙中山联俄、联共、扶助农工的三大革命政策，把国民革命引向歧途，把枪口对准革命党人，残酷杀害无辜群众，他和你们这些败类才是历史的罪人。

（二）杨殷等5人转押到淞沪警备司令部的当天（28日）晚上，恰好发生了一起蒋介石被刺事件，致使上自警备司令熊式辉，下至司法科警员，都忙于应付侦破此事，因此，28日至30日都没有进行审讯。杨殷、彭湃等抓紧利用这三天时间，一方面向狱中的难友开展思想工作，向他们介绍全国政治形势，分析革命发展前途，不要受蒋介石国民党一时的嚣张气焰所迷惑，要始终保持革命气节，坚信革命斗争会取得最后胜利。一些受难的革命者听后很钦佩地说："到底是我们的中央领袖，能做我们的表率！"一些因生活贫困所逼而杨殷等人给中共中央的信（揆：孟揆，即杨殷。安：孟安，即彭湃）。

成为盗犯的人，也深受教育而觉悟道："只有跟共产党走，才是我们穷人的正当出路！"有些因革命嫌疑而下狱的群众更坚决地说："我们今后只有革命一条路了！"

另一方面，杨殷、彭湃等在狱中也向警备司令部的士兵、警员进行宣传教育工作，以广州、上海和全国各地的具体事例，介绍了工农群众遭受压迫和剥削的惨状，揭露了国民党反动派实施的大屠杀政策，致使无数革命群众被残害。周恩来在《彭杨颜邢四同志被敌人捕杀经过》中写道："当彭、杨诸同志与士兵谈至痛切处，士兵中竟有捶胸落泪，痛骂国民党军阀非杀尽不可的。"可见，杨殷等的宣传确是触及了那些士兵的灵魂，起到了幡然醒悟的作用。

（三）杨殷等蒙难者虽然身陷囹圄，手铐脚镣，铁链紧锁，但他们始终保持着敢于斗争、乐观向上的精神。他们利用这个戒备森严的场所，多次带领狱中难友高唱《国际歌》和《国民革命歌》："打倒列强，打倒列强！除军阀，除军阀！努力国民革命，努力国民革命！齐奋斗，齐奋斗！"这些革命歌曲极大地鼓舞了难友们的革命意志，也使那些"士兵与狱中群众小高呼口号和之，于是愁苦惨淡的狱中，一变而为激昂慷慨的沙场"。

杨殷等人在狱中这几天，已敏锐地预感到敌人会很快下毒手，于是，30日早晨，杨殷、彭湃等联名给中共中央写了第一封信，向中央报告狱中的情况，并提出设法营救的意见，供中央参考。下午就义前又给中央写了第二封信。这是

冠生暨束中老少：我等此次被捕归案已
马荣临死枪毙无异，孟却公开承认并尽力
抄大室信，他们在不怕坐及同狱的人大
表同情尤为□□□脱非此话之故走大
喋气而趋败者，我们在此精神经将
兄弟们不平□□牺牲而曾
心为偌重身体为要
饮人还望将　朴治等
不识　歌与尚瑞他人感情为好

子里

杨殷、彭湃在狱中写给中共中央的信

血洒龙华　精神永驻

一封绝笔信：

冠生（即周恩来）暨家中老少：

　　我等此次被白（指白鑫）害，已是无法挽救。张（即张际春）、梦（即杨殷）、孟（即彭湃）都公开承认，并尽力扩大宣传。他们底下的丘（指国民党士兵）及同狱的人，大表同情。尤是丘等，听我们话之后，竟大叹气而捶胸者。我们在此精神很好，兄弟们不要因为弟等牺牲而伤心。望保重身体为要。

　　余人还坚持不认。颐（即颜昌颐）与肖瑜个人感情尚好。

挨梦、孟

从信中可以看出，尽管他们身陷险境甚至在生命的最后一刻，都保持着坚韧的斗争意志和视死如归的精神。

杨殷等5人被捕后，中共中央立即开展营救工作。当时，中共中央曾设置有中央特务委员会（亦称"特别任务委员会"，简称"中央特委"），作为情报、保卫工作的领导决策机构，由政治局常委周恩来负责。中央特委下辖中央特科，由周恩来直接领导。中央特科下设四个科：一科（总务科）、二科（情报科）、三科（行动科）、四科（交通科）。为了营救杨殷、彭湃等，周恩来派遣二科科长陈赓具体指挥这一行动。周恩来和陈赓经过反复研究后，让陈赓利用打入敌人内部的关系，探查狱中内情，派员侦察押解路线，选择确定营救地点，调派行动人员，安排乔装打扮角色，准备枪械和车辆，按计划伺机实施营救。但是，由于敌人突然改变了押解时间，致使营救失败。

杨殷、彭湃等的被捕牺牲，完全是由于叛徒白鑫告密造成的。白鑫可耻的叛徒行为，曾获取国民党当局给他一辆小汽车和5万元的奖赏。这一奖赏是白鑫用革命者的鲜血换来的"人血馒头"，哪怕是他吃下去都是要吐出来的，必须要用血来偿还！

杨殷等4人牺牲后，国民党当局为了继续利用白鑫这个叛徒，便在9月14日上海《国民日报》发出消息，谎称蒋介石感念白鑫系黄埔学生，受共产党迷惑误入歧途，准予保释，已于日前解往南京，戴罪立功，以观后效。其实，白鑫并未去南京，仍躲藏在上海。不过，他是想在上海暂时隐匿一段时间便转去南京再赴意大利规避。当周恩来通过陈赓等地下工作者侦悉白鑫匿藏在范争波的家中，并准备于11月11日晚乘列车由上海去南京后，陈赓即布置中央特科的"红队"（亦称"打狗队"）成员在范争波家周围埋伏。11时许，当白鑫由范争波兄弟等人陪同走出大门时，"红队"队员迅即冲上对准射击，白鑫当场毙命。这是对一个变节投敌的叛徒给予应得的惩罚！

两千多年前，西汉著名史学家、文学家司马迁说过："人固有一死，或重于泰山，或轻于鸿毛，用之所趋异也。"

事实确是如此！人生在世，追求不同，必然产生不同的结果。杨殷所追求的是人类最伟大的共产主义事业，虽然他牺牲了，但却重于泰山，是令"高山仰止，景行行止"的英雄，流芳百世！而像白鑫这类叛徒，却是千夫所指、人神共愤的历史罪人，遗臭万年。

二、永恒的纪念

1929年8月30日，是杨殷等4人被敌人杀害的日子。杨殷牺牲时年仅36岁。一个智勇双全、忠心报国的杰出才俊不幸倒在国民党刽子手的枪口下。这是中国革命的损失、国家的悲哀、民族的不幸！杨殷堪称一位历史的推动者、时代的引领者。他虽然牺牲了，但他的思想感召力、精神影响力和高尚的人格魅力永远不会泯灭。

像杨殷、彭湃这样的重要人物，为什么仅被捕6天就被杀害了呢？这就是因为他们使国民党反动派心存恐惧。国民党当局深知杨殷等人坚如磐石的革命意志和不容小觑的影响力和感召力，因此他们在特别法庭最后一次的审判完全是秘密进行的，并且只是摆出一种开审的"形式"：一是不准任何人旁听；二是不敢将杨殷、彭湃等人的所谓"罪状"公开宣布；三是被告方律师的陈述，法官根本不在意；四是最后判决书故意不让人听清楚；五是杨、彭等4人已经被秘密枪杀了，帝国主义者和国民党当局却在上海英文报纸上刊登的

紅 旗

一九二九年九月二日

第四十三期

星期一

以羣衆的革命的鬥爭回答反革命的屠殺

全國工農勞苦羣衆起來

反抗屠殺革命領袖

1929年9月2日，中共中央机关报《红旗》刊登《以群众的革命的斗争回答反革命的屠杀》一文。

判决书谎称，杨、彭等人被判八年有期徒刑。由此可看出帝国主义者和国民党当局的卑劣手段和丑恶行径。周恩来严正指出："这一复审，简直是帝国主义强盗与国民党军阀合作的一出滑稽的杀人剧。"周恩来进一步指出："他们（指帝国主义者和国民党当局）想以法律的手续来欺骗群众，但又深恐怕群众晓得。其实，广大的革命群众老早就不相信你们这种鸟法律了！从一九二七年的'四一二'到现在，帝国主义者与国民党不知暗杀了冤杀了几多群众。屠杀成河的血，早已染红了工农劳苦群众的心，他们只知道以群众的斗争力量来回答你们的白色恐怖，谁还管你们的鸟法律！"

杨殷等人被杀害的第二天，中共中央发表了《中国共产党反对国民党屠杀工农领袖宣言》（即《以群众的革命的斗争回答反革命的屠杀》），高度概括和评价了杨殷等人的历史功绩，指出："帝国主义与国民党要想扑灭中国革命，要永远压迫和剥削工农群众，将工农劳苦群众安放于穷困、破产、死亡，与循环不断的军阀战争之纷乱状态中间，他们唯一的方法就是拘捕枪杀革命的领袖。"宣言号召："全中国工农劳苦群众们！起来！纪念着彭杨诸领袖之血的教训！起来！与帝国主义国民党作坚决不断的斗争！"

9月5日（即杨殷等遇害的第六天），中共中央向各级党组织发出第47号通告，揭露了帝国主义和国民党杀害杨殷、彭湃等和镇压革命运动的罪行，再次颂扬杨殷等："他们都是我们最好的干部，最勇敢的群众斗争的领袖。"通告要求各级党组织必须举行追悼会，追悼杨殷等死难领袖，要到群众中开展广泛的宣传活动，号召贫苦大众："踏着他们领袖的血迹继续前进！"同时要求各地党组织必须特别注意与本地的实际相结合，开展各种形式的斗争。

中共中央第47号通告发出后，9月9日，中共江苏省委发出第32号通告；9月16日中共广东省委发出第76号通告，分别要求本省各级党组织坚决贯彻执行中央通告的精神，有条件的地区如广东海陆丰、东江党组织要举行追悼会，通过悼念活动，激发广大群众的革命意志和战斗热情。随后，各省区的党组织都举行了不同形式的悼念活动，号召广大群众继承杨殷等烈士的遗志，完成他们未竟的事业！

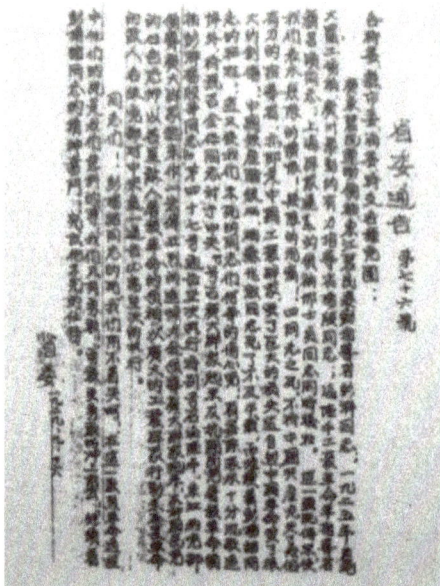

1929年9月16日，中共广东省委发出的第76号通告。

血洒龙华　精神永驻

　　9月29日，上海各界举行追悼彭湃、杨殷、颜昌颐、邢士贞四烈士大会。大会发表了《为追悼被国民党惨杀的彭杨颜邢四革命领袖告上海民众书》，并悬挂了"彭杨颜邢四领袖革命精神不死""继续四领袖革命精神"的挽幛。当天，中共外围群众组织"中华全国人道互济总会"和"上海市人道互济会"联合印发了《追悼被国民党暗杀的中国革命领袖》的传单。传单呼吁社会各界"反对国民党的屠杀、拘捕、监禁及一切惨无人道的行为"。对牺牲个人一切而致力于中国革命的彭杨颜邢四位领袖的家属，"革命群众应该救济他们的家属，教养其子女"。

　　杨殷等4人牺牲后，中共中央机关报《红旗》曾连续发表文章表示悼念，周恩来也发表多篇文章表示深切哀悼。他在四烈士牺牲一周年忌日撰写的文章中指出："阶级斗争剧烈的今日中国，革命的群众、革命的领袖死在敌人的明枪暗箭中的不知几多！这原是革命成功前所难免的事变，而且是革命成功之血的基础。没有前仆后继的革命战士，筑不起伟大的革命的胜利之途！""革命领袖的牺牲，更有他不可磨灭的战绩，照耀在千万群众的心中，熔成伟大革命的推动力。"他万分痛惜地写道："敌人可以在几分钟内毁灭了我们革命的领袖，我们却不能在几分钟内锻炼出我们新的领袖。"因此，我们必须广泛深入开展群众革命斗争，反对敌人的白色恐怖，踏着烈士的血迹勇敢前进，直到革命的最后胜利！

杨殷给女儿的信

中共中央发出要联系各地革命斗争实际纪念杨殷等四烈士的指示后，不仅在上海、南京等白色区域的党组织举行纪念活动，而且在各革命根据地等红色区域也举行各种纪念活动和建立各种纪念设施。1930年，中共东江特委先后在八乡山、大南山革命根据地成立了彭杨军事纪念学校。次年，闽粤赣苏区建立了彭杨军事政治学校。1932年，鄂豫皖苏区成立了红四方面军彭杨学校。1933年，中央苏区中华苏维埃共和国中央革命军事委员会决定以原中央军事政治学校第六期学员为基础，成立了工农红军彭杨步兵学校，陈赓任校长。同时，新设立了杨殷县（江西兴国、万安两县交界部分地区），隶属于中共江西省委；将苏维埃红军医院改名为杨殷县红军后方医院。这些新单位的设置，充分体现了各地党政军民对杨殷、彭湃等革命烈士深切的悼念！

新中国成立后，中国共产党和人民政府对杨殷进行了各种纪念和褒奖。1956年，中华人民共和国中央人民政府主席毛泽东签署颁发给杨殷家属革命烈士证书。1957年，周恩来总理接见了杨殷的妻子潘佩贞，表示亲切慰问！1953年建立的"江西革命烈士堂"（位于江西南昌市八一大道北段）曾刻有《杨殷同志传略》。20世纪六七十年代后，有大批颂扬杨殷的出版物和文艺作品问世。

广东省委、省政府和中山市委、市政府十分重视宣传杨殷的革命事迹和注重对杨殷故居的保护和利用。中山市委、市政府多次拨款对杨殷故居进行了修缮和维护。1989年，广

革命烈士证明书

杨殷同志在第二次国内革命战争中壮烈牺牲，经批准为革命烈士，特发此证，以资褒扬。

中华人民共和国民政部
一九八三年 月十一 日

杨殷同志的革命烈士证明书

东省人民政府公布杨殷故居为省级重点文物保护单位，2007年被中共广东省委组织部定为中共党员教育基地。2005年，中央电视台和全国各大媒体在"永远的丰碑"栏目中介绍了杨殷的光辉事迹。2009年，中共中央宣传部、组织部、统战部等11个部门联合组织评选杨殷为"100位为新中国成立作出突出贡献的英雄模范人物"之一。2017年，中山市委组织部、宣传部牵头重新修缮杨殷故居，举办了"用生命捍卫信仰——杨殷烈士纪念展览"。2019年9月30日，是杨殷牺牲90周年，也是中山市第六个"烈士纪念日"。中山市在南朗镇的中山革命烈士陵园隆重举行烈士纪念日公祭大会，对杨殷等革命先烈表示深切的怀念！

　　时光流逝，斗转星移。从民主革命时期到社会主义建设时期，从改革开放时代到中国特色社会主义新时代，中国已经发生了翻天覆地的变化，但党和人民之所以始终没有忘记杨殷，而是坚持纪念杨殷、学习杨殷，这主要是他的革命精神使然。杨殷的革命精神已经穿越时空，超越时代，迸发异彩，值得后世永远铭记。真可谓：

　　　　一代俊才为国忧，
　　　　合家浪迹何所求？
　　　　香江谋划工潮涌，
　　　　羊城举义斩顽酋。

施策中央屹砥柱，
横遭叛孽毁中流。
血洒龙华梦未竟，
后侪擎旌耀神州。